Museu do Futebol

Arquitetura e requalificação
no Estádio do Pacaembu

Marianne Wenzel
Mauro Munhoz

Museu do Futebol

Arquitetura e requalificação no Estádio do Pacaembu

Marianne Wenzel
Mauro Munhoz

Prefácio de José Miguel Wisnik
Apresentação de Silvia Ferreira dos Santos Wolff

Romano Guerra Editora
2012

Lei de Incentivo à Cultura
Santander
Empresas Concremat soluções integradas de engenharia
imprensaoficial Governo do Estado de São Paulo
Ministério da Cultura
Governo Federal Brasil País rico é país sem pobreza

Para compreender uma nação, é preciso mergulhar em suas relações, sua história, seus valores e sua cultura. O Museu do Futebol foi criado também para isso: muito mais do que fazer a narrativa do esporte, é um projeto para falar de cultura e da identidade brasileira.

Sediado no primeiro estádio de São Paulo, o Pacaembu, o museu exigiu intensa intervenção arquitetônica para sua criação. Este livro procura esclarecer o desenvolvimento desse projeto, oferecendo um guia acessível aos visitantes interessados pelo tema.

Além do projeto de restauro e reuso do espaço físico, a publicação resgata parte da história do estádio e da comunidade em seu entorno, e de como ela foi envolvida neste empreendimento de sucesso, que hoje recebe mais de 400 mil visitantes por ano.

Esperamos que a publicação ajude a compreender a importância desse estádio em todas as suas dimensões, sejam elas esportivas, culturais ou arquitetônicas. E que a leitura seja uma prazerosa visita à história do Pacaembu.

Marcial Portela
Presidente do Santander Brasil

Com uma ligação de mais de cinquenta anos com São Paulo, as Empresas Concremat têm procurado apoiar iniciativas que resgatem a história desta cidade, a maior da América Latina e motivo de orgulho para todos os brasileiros.

A participação em muitas das obras mais emblemáticas, que ajudaram a construir e renovar o patrimônio de São Paulo, faz as Empresas Concremat identificarem-se com os símbolos de São Paulo e sentirem-se parte da história da cidade.

Não poderíamos, portanto, deixar de apoiar esta publicação. *Museu do Futebol. Arquitetura e requalificação do Estádio do Pacaembu* destaca a operação que revitalizou um dos maiores símbolos paulistanos e também o espaço público ao seu redor, transformando um patrimônio arquitetônico subaproveitado em um centro de visitação que recebe quase 500 mil pessoas anualmente.

Parte de projeto urbanístico dos anos 1920, e inaugurado em 1940, o Pacaembu foi o primeiro estádio de São Paulo. Mais que referência esportiva, fixou-se como uma das imagens marcantes da cidade, com seu edifício frontal, pórtico monumental e galeria voltados para a praça Charles Miller.

Se a abertura do estádio, há setenta anos, foi um marco histórico e arquitetônico para São Paulo, o projeto de requalificação, concluído com a abertura do Museu do Futebol, em 2008, mudou a própria relação dos paulistanos com aquele espaço público.
O mérito maior deste livro é trazer à luz os detalhes desse projeto, do qual as Empresas Concremat, através da Concrejato, tiveram a honra de participar, executando o *retrofit* e o restauro do prédio frontal do estádio para a implantação do museu, hoje o quarto mais visitado da cidade.
Ao documentar uma obra dessa magnitude, o livro reforça a preservação do patrimônio histórico e arquitetônico de São Paulo, que as Empresas Concremat também ajudaram a construir.

Mauro Viegas Filho
Diretor-presidente das Empresas Concremat

Desde 1940, o Estádio do Pacaembu faz parte da vida dos paulistanos. É, sem dúvida, uma construção de grande importância arquitetônica – com o pórtico monumental e a galeria voltados para a praça Charles Miller. E é, reconhecidamente, um ícone na cidade de São Paulo.

O presente livro faz o resgate da história do estádio, o primeiro a ser inaugurado na cidade e que acaba de completar 72 anos. Apresenta ainda, em detalhes, o projeto de arquitetura do Museu do Futebol – inaugurado em setembro de 2008 no edifício frontal e, atualmente, o quarto museu mais visitado da cidade.

Com linguagem simples e acessível ao público leigo, o livro vai ao encontro de uma necessidade já registrada pelo próprio museu: a de oferecer um guia de arquitetura aos visitantes. A leitura faz caminhar por amplas veredas e mostra desde as dificuldades da escolha do local para abrigar o acervo do museu até as ricas discussões com os órgãos de patrimônio sobre a melhor forma de lidar com o edifício tombado.

Apresenta ainda as adaptações físicas para transformar as alas escuras e estreitas num percurso compatível com um museu de grande porte, bem como a recuperação de elementos da arquitetura original do estádio.

Além disso, ao iluminar a importância do projeto de arquitetura no processo de instauração do museu, a obra abre importante discussão sobre a relevância cultural e patrimonial do edifício, aspecto muitas vezes esquecido.

A Imprensa Oficial não poderia deixar de participar deste importante projeto e deste especial resgate histórico. Boa leitura!

Marcos Antonio Monteiro
Diretor-presidente da Imprensa Oficial do Estado de São Paulo

Obra de muitos gols

Caio Luiz de Carvalho

Dedicação, ineditismo e ousadia são algumas das palavras que ajudam a descrever a criação do Museu do Futebol. Foi em 2005, num encontro de jornalistas e amantes do esporte com o prefeito José Serra, que a ideia nasceu. O país do futebol, celeiro de craques, de jogadas e lances memoráveis, merecia um templo à altura.

Amante do futebol e entusiasta do fomento à cultura, o então prefeito encampou a sugestão de investir na memória do esporte e idealizou a criação de uma instituição museológica dedicada ao futebol. Para a empreitada, convidou a Fundação Roberto Marinho que, sob o comando de José Roberto Marinho e Hugo Barreto, montou um time de feras para desenvolver o projeto.

O primeiro desafio era a escolha do espaço, e foram feitas diversas incursões a campo para escolher o local mais adequado na cidade para abrigar o novo museu. O Estádio do Pacaembu, que a princípio não era a primeira opção, conquistou rapidamente a unanimidade. Encravado em local privilegiado, em um vale no coração da cidade, esse belo patrimônio histórico paulistano passaria a ser palco de mais um grande feito: a criação do Museu do Futebol.

Para começar, o grupo que formaria o núcleo duro do projeto foi escalado. Primeiramente, foi engajado o arquiteto Mauro Munhoz, responsável pelo incrível e criativo projeto arquitetônico e que, já de pronto, lançou a ideia de se localizar o Museu no avesso das históricas arquibancadas. Na sequência, Leonel Kaz, jornalista, intelectual e professor de história do Brasil, juntou-se ao time como curador e agregou a interessante ideia de se olhar para o futebol não apenas como um esporte, mas como um fenômeno social único no Brasil.

Toda a museografia inventiva, que se alicerçou num repertório expositivo muito peculiar, ficou a cargo de Daniela Thomas e Felipe Tassara, e a comunicação visual sob a direção do designer Jair de Souza. Para a coordenação geral dos trabalhos, foi designada a arquiteta Lucia Basto, e para a condução do desenvolvimento do conteúdo, foi designado Jarbas Mantovanini. Com a equipe de frente montada, sob a gestão da Fundação Roberto Marinho e o apoio da São Paulo Turismo e da Secretaria Municipal de Esportes, ambos órgãos da Prefeitura da Cidade de São Paulo, o projeto começou a ganhar forma.

Como em uma boa seleção ninguém joga sozinho, a tática de Hugo Barreto foi colocá-los juntos para pensar a nova instituição. Assim, desde o início, conteúdo, museografia, arquitetura e comunicação visual atuaram coletivamente na concepção de todos os aspectos da grande exposição de longa duração que preencheria as duas alas do Museu e o andar térreo – uma mostra interativa e bem urdida que deu a feição e determinou os principais rumos do Museu. Não à toa, um dos grandes trunfos do projeto é a forma de abordar esse assunto tão caro a todos os brasileiros: o nosso futebol. Isso fica explícito nas escolhas curatoriais de conteúdo, nas instalações criativas, na delicadeza da intervenção da arquitetura no patrimônio tombado.

É de responsabilidade de Leonel Kaz a ideia de narrar a história do futebol de modo inseparável do contexto político e cultural do país. Visitar o Museu é também revisitar a nossa própria história recente. É descobrir que, desde fins do século

19, os usos e costumes da nossa sociedade marcaram de modo decisivo a trajetória do futebol no país. É entender como esse esporte bretão, praticado inicialmente pelas elites, com o passar dos anos foi sendo apropriado e reinventado pela população brasileira. É descobrir um pouco, parafraseando o antropólogo Roberto DaMatta, outro especialista que contribuiu para o projeto, o que faz do Brasil, Brasil. Não é possível falar do nosso futebol sem falar da nossa música, dos nossos projetos de nação, dos nossos artistas plásticos, da nossa política, da nossa moda, dos nossos preconceitos, dos nossos modos de ver e viver que foram se transformando ao longo do tempo e que transformaram o nosso futebol no que ele é.

Esse é o grande diferencial desse Museu, que não nasceu de coleções preexistentes, mas de um grande argumento: contar a história do futebol no país é também contar a própria história recente do Brasil. Coube à cenógrafa Daniela Thomas e a Felipe Tassara converter esse enredo em belas instalações expográficas. Ambos traçaram os rumos da visualidade da grande exposição. O projeto dessa dupla transformou a edificação do estádio em parte constitutiva da expografia, escolha que não nos deixa esquecer nem por um só minuto do grande Estádio do Pacaembu, lugar por excelência da memória do esporte na cidade. A criatividade dos dois trouxe também um pouco do mobiliário urbano e industrial da nossa pauliceia e de tantas outras metrópoles para dentro do Museu. A cada sala, o visitante se depara com uma solução nova e é envolvido por uma experiência diferente.

É o que a exposição de longa duração proporciona: uma série de experiências sensoriais e afetivas, emocionantes e surpreendentes. Junte-se a isso a precisão da comunicação visual desenvolvida por Jair de Souza, e estamos à frente de um golaço, tal qual as traves da logomarca criada pelo designer e que resumem tão bem a identidade do Museu.

O projeto arquitetônico, tema deste livro, merece destaque especial. Premiada na categoria de Restauro e Requalificação pelo Instituto de Arquitetos do Brasil (IAB), entre outros prêmios, a intervenção proposta pelo talento de Mauro Munhoz desnudou as entranhas do Estádio e as revelou para o grande público. O projeto respeitou e valorizou o conjunto arquitetônico, concebido pelo escritório Severo & Villares durante os anos 1930 e inaugurado com a presença de Getúlio Vargas, em 1940. O Museu, assim, durante todo o percurso da visita, transpira história não apenas na exposição, mas também nos detalhes da edificação, realçados pela nova arquitetura. A intervenção no edifício explorou a negociação entre o antigo e o novo, num jogo que combinou o reforço da memória com a atualização e renovação das instalações. As principais características originais foram mantidas e destacadas, assim como as interferências novas aparecem claramente a partir da cuidadosa utilização de outros materiais, como o ferro e a madeira, que se distinguem da grande armação de concreto existente. Cabe notar que todo o desenvolvimento do projeto foi acompanhado de perto pelos órgãos de preservação do patrimônio – o Estádio é tombado pelo Condephaat e Conpresp –, e os técnicos dos dois órgãos participaram das definições e escolhas tomadas.

Este livro vem em boa hora e outros virão para celebrar os três anos de funcionamento do Museu, que já recebeu mais de 1 milhão de visitantes e hoje é um dos importantes pontos turísticos da cidade de São Paulo. Contar a história da arquitetura do Museu, seus dilemas e partidos, contribui para esse grande projeto de memória do esporte iniciado em 2005, inaugurado em 2008 e com uma longa vida pela frente.

O Museu do Futebol é hoje, sem dúvida, um dos equipamentos culturais de grande destaque da cidade de São Paulo. A praia paulistana é a cultura, e ao alçar o futebol a essa categoria, de patrimônio cultural que deve ser preservado e divulgado, a cidade mais uma vez inova e mantém-se na vanguarda da produção cultural criativa. Importante polo turístico do país, a capital da diversidade e do entretenimento de alta qualidade marcou um gol para o turismo nacional e internacional. Não por acaso, a São Paulo Turismo, empresa municipal de turismo e eventos da cidade, atuou como interveniente de todo o processo de implantação do projeto, antevendo o protagonismo que o Museu do Futebol teria nesse cenário.

Equipamento público vinculado à Secretaria de Estado da Cultura do Governo do Estado de São Paulo, o Museu do Futebol é fruto do trabalho coletivo de uma equipe qualificada e da colaboração de muitos e importantes parceiros. Desde a sua inauguração, o Museu é gerido pelo Instituto da Arte do Futebol Brasileiro, uma Organização Social de Cultura que, junto à Secretaria, vem renovando, ampliando e oxigenando as atividades e potencialidades da instituição.

Foram muitos aqueles que participaram do desenvolvimento do projeto, entre equipe gestora, equipes da Fundação Roberto Marinho e da prefeitura, consultores técnicos e um sem-fim de profissionais e empresas que ergueram todas as instalações e deram vida ao Museu. Leonel Kaz hoje como seu curador e Clara Azevedo como Diretora Executiva continuam à frente dessa grande iniciativa em prol da memória do esporte que é paixão nacional, mantendo e ampliando os princípios que nortearam a sua implantação: contribuir para a educação de qualidade, para o acesso aos bens culturais e para a salvaguarda e comunicação deste que é um dos nossos grandes patrimônios, o futebol. O Museu, desde o início, caminha firme e forte nessa direção.

Caio Luiz de Carvalho
Presidente do Instituto da Arte do Futebol Brasileiro
Organização Social de Cultura gestora do Museu do Futebol

TADIO·MUNICIPAL
LO MACHADO DE CARVALHO

FIAT

ESTADIO MUNICIPAL
PAULO MACHADO DE CARVALHO
ACESSO ARQUIBANCADAS VERDE E AMARELA

CAMISA

1971
TAM
TAM
VIVO SMARTPHONE É AQUI
Itaú
Itaú
BRAHMA BRAHMA BRAHMA

CABINE EMISSORA DE RADIO
LANCHONETE
LANCHONETE
CTICA
VIVO >>3G PLUS É AQUI
BRASILEIRÃO PETROBRAS
itaú

LANCHONETE
SUNDOWN SUNDOWN SUNDOWN
Unimed Unimed
Sadia

O TIME DO PO
Itaú
Itaú
Itaú
DIESEL S-50 PETROBRAS
TAM
TAM

sumário

ESTADIO · MUNICIPAL
PAULO MACHADO DE CARVALHO

O estádio e o tempo

José Miguel Wisnik

Nas páginas anteriores
Vistas da Praça Charles Miller e do Estádio do Pacaembu em dias de jogo de futebol, fotos de 2012

O centro simbólico do futebol brasileiro, em sua primeira fase, foi o campo do Fluminense, no bairro das Laranjeiras, no Rio de Janeiro. Existente desde o início do século 20 (enquanto o jogo se expandia velozmente pelas várzeas, arrabaldes, clubes e clubecos) e ampliado progressivamente ao longo das duas primeiras décadas, o espaço é inaugurado como estádio em maio de 1919, com uma capacidade para 18 mil pessoas. A atmosfera elitizante dos jogos, ligada ao prestígio da origem social inglesa do esporte, encontrou nele seu nicho privilegiado. A frequência elegante de homens e mulheres, análoga à das futuras tardes de Jockey Club, contracenava com a segregação de classe e de cor, respaldada pelo regime do amadorismo esportivo. O Estádio das Laranjeiras foi o palco, logo que fundado, do Campeonato Sul-Americano, em que o Brasil ganhou o seu primeiro torneio internacional importante, vencendo o Uruguai por 1 X 0 na partida final. Mas o interesse despertado pelo jogo já ultrapassava, desde a origem, a capacidade física e social do campo, como mostram as fotos de populares encarapitados em muros a sua volta, desde 1905, ou espremidos dramaticamente nos barrancos de um morro próximo, quando da final do torneio de 1919, que inspirou o famoso choro *1 X 0*, de Pixinguinha.

O Estádio do Vasco da Gama, em São Januário, inaugurado em abril de 1927, era o índice de grandes mudanças. Apoiado por comerciantes portugueses enriquecidos, que fomentaram um "amadorismo marrom" capaz de miscigenar o time, contrapondo-se ao segregacionismo dominante, o Vasco tinha-se tornado uma nova força futebolística. A construção daquele que se tornava o novo maior estádio do Brasil apontava, por sua vez, para o profissionalismo real que se efetivaria nos primeiros anos do decênio de 1930 e para a consumada popularização do esporte.

Enquanto o Rio de Janeiro constituía espaços emblemáticos para as dimensões de massa que o futebol ia ganhando década após década, São Paulo não tinha uma praça de esportes correspondente – um estádio capaz de ultrapassar sua significação clubística, fazendo-se, ao mesmo tempo, o centro futebolístico da cidade. No final do mesmo ano da inauguração do Estádio do Fluminense, em 1919, a crônica paulistana registrava a presença de uma duvidosa "multidão colossal de mais de 20 mil pessoas" acorrendo ao Parque Antártica, mesmo sob forte chuva, para ver em condições precárias a partida entre o Corinthians e o Palestra Itália. Uma semana depois, diz a crônica, o jogo entre o Palestra e o Paulistano, no mesmo lugar, juntava gente nas arquibancadas e nas gerais, nas árvores apinhadas (com o galhos vergando "ao peso da estranha carga"), na própria coberta das arquibancadas (com suas "telhas de zinco escaldante" ameaçando cair "como um pedaço de céu velho" sobre as cabeças dos espectadores mal sentados), além das capotilhas de automóveis convertidas em palanques, das cercas do gramado cedendo em vários pontos e de gente se mantendo em pé nas pranchas horizontais junto aos gols "com o auxílio de varas de bambu".

Data dessa época o clamor paulistano por um estádio de futebol para a cidade de São Paulo, "necessidade inadiável" que o Estádio do Pacaembu só viria a realizar duas décadas depois. Falava-se então em três hipóteses de construção: uma no próprio Parque Antártica, convertido, de campo de futebol em estádio, à maneira do campo do Fluminense; outra na Várzea do Carmo; outra no Vale do Anhangabaú. Embora a ideia da construção de um estádio de futebol no Anhangabaú nos soe hoje bizarra e quase surreal, é importante lembrar que o vale deu efetivamente lugar, durante esse período de latência, a uma espécie de *desejo de estádio*, enquanto inusitado palco de partidas jogadas a distância, anfiteatro em que multidões se reuniam para receber notícias de jogos em andamento remoto. No mesmo ano marcante de 1919, por exemplo, o jornal *O Estado de S. Paulo* fazia retransmitir notícias ao vivo da final do Campeonato Sul-Americano, recebidas do Rio de Janeiro por telefone, "através de um sistema de placares informativos na fachada do prédio", que falavam de "um ataque perigoso, um escanteio, uma defesa arrojada, um impedimento, um pênalti, um gol", provocando um ajuntamento frenético de pessoas a "se esmagar voluntariamente num mar humano em efervescência contínua, dos altos da colina central até o Vale do Anhangabaú". O fenômeno dessa curiosa compensação narrativa da falta do jogo real, projetada em grande escala, repetiu-se no campeonato Sul-Americano de 1922, também no Anhangabaú, desta vez com alto-falantes instalados por *A Gazeta*[1].

1
SEVCENKO, Nicolau. *Orfeu extático na metrópole: São Paulo, sociedade e cultura nos frementes anos 20*, p. 58. Ver também WISNIK, José Miguel. *Veneno remédio: o futebol e o Brasil*, p. 208-209.

Por acaso ou não, o Estádio do Pacaembu materializará, em 1940, esse desejo e essa vocação paulistana: ele vem a ser atualização de um estádio de futebol inscrito em vale, ao qual o Anhangabaú dera uma existência virtual. O seu ajuste paisagístico e urbanístico combina a racionalidade dos efeitos arquitetônicos imediatamente visíveis com a sensualidade dos substratos telúricos envolvidos. Encaixado perfeitamente "nos taludes de uma grota úmida", como se diz neste livro, o estádio se aninha no seu entorno, mais do que se ergue sobre ele, ajustando-se elegantemente como um anfiteatro construído num anfiteatro natural. Guarda o sortilégio dos estojos, dos nichos, dos bichos de carapaças perfeitas. Ademais, a própria marca do pênalti, calculada como o centro exato do semicírculo que compõe a arquibancada norte, a da entrada, é o índice tácito de um projeto em que campo de jogo, arquitetura, geologia e urbanismo integram uma mesma concepção irradiadora.

As condições econômicas em que se deram a ocupação territorial e a expansão da cidade de São Paulo, bem como as condições técnicas específicas do arruamento do bairro

Estádio do Pacaembu, foto de 1940

do Pacaembu, incidindo afinal sobre o projeto do estádio, são informadas ao longo deste livro, e podem contextualizar a apreciação crítica de seu formato e de seu significado. Para os efeitos do nosso prefácio, vale dizer que o ajuste fino ao entorno, que o singulariza, e que o leva a fazer parte do espaço que o rodeia caindo nele como uma luva, não encontra correspondência tão perfeita na sua relação com o tempo histórico e com o seu papel social. Pode-se dizer que o Estádio do Pacaembu viveu sempre, desde a sua fundação até hoje, um pouco à procura do seu encaixe exato na vida do futebol de São Paulo e do futebol brasileiro.

Ele, que foi o maior estádio do Brasil, durante a década de 1940, não chegou a ter um papel central, como o dos estádios do Rio que o antecederam, emblemáticos das fases iniciais do nosso futebol, além de ter sido largamente superado, como é evidente, pelo simbolismo avassalador do Maracanã, batizado pela tragédia da derrota na Copa de 1950 e renascido para a glória mundial do futebol brasileiro. Se os estádios de futebol serão testemunhos arqueológicos da nossa civilização quando extinta, e da narrativa subjacente que os atravessa (como são as canchas de pelota para o México pré-colombiano), os restos do Pacaembu resplandecerão como o elo perfeito e solto no tempo – que ele já é. A própria concha acústica, na qual se aninhava o placar, tão marcante e elegante na memória dos que o conheceram nos primórdios, substituída depois pelo declive abrupto do Tobogã, era o índice datado e logo anacrônico de uma demanda específica da era varguista: as grandes concentrações corais de cunho cívico e pedagógico, com milhares de vozes infantis, dirigidas por Heitor Villa-Lobos, que no Rio tiveram seu palco habitual no Estádio de São Januário, e que foram reproduzidas na cerimônia de inauguração do Estádio do Pacaembu com regência do próprio compositor.

Praça Charles Miller, vendedor ambulante em dia de jogo, foto sem data

Não estou dizendo, entenda-se bem, que o estádio não seja o repositório de uma memória futebolística fulgurante. Ele foi o palco por excelência dos grandes acontecimentos do futebol paulista nos anos 1950, mobilizando todos os seus maiores protagonistas: a conquista do campeonato do centenário de São Paulo, em 1954, pelo Corinthians; a eletrizante e conturbada final entre São Paulo e Corinthians, vencida pelo São Paulo, em 1957; a belíssima final entre Santos e Palmeiras em 1959, vencida pelo Palmeiras por 2 X 1. Mas a inauguração parcial do Estádio do Morumbi, em 1960, deslocou e arrastou para si o polo dos acontecimentos futebolísticos na cidade de São Paulo, relegando o Estádio do Pacaembu a uma função secundária e mais decorativa. Essa condição algo anacrônica é reforçada pelo agigantamento dos campos de futebol, que acompanha o período da ditadura militar, com a inauguração do Mineirão em 1965, do Beira-Rio em 1969, do Morumbi completo em 1970, além dos novos e às vezes faraônicos estádios do Nordeste.

Recentemente, o Pacaembu foi adotado na prática pelo Corinthians, cuja diretoria rompeu com a do São Paulo, recusando o mando de seus jogos para o Morumbi. Esse fato, capaz de emprestar ao Estádio do Pacaembu o papel eloquente de *habitat* futebolístico do clube mais popular de São Paulo, vai sendo deslocado, uma vez mais, pelas circunstâncias que cercam o advento da Copa de 2014 e a saída, a ela associada, do Corinthians para o projetado Estádio de Itaquera, buscando explorar a dupla oportunidade de postular-se, afinal, como dono de um estádio próprio e como hospedeiro do jogo de abertura da Copa.

Estádio do Pacaembu, arquibancadas lotadas em dia de jogo, foto de 1942

A propósito, vivemos o momento em que os principais estádios do país vão sendo repaginados segundo as novas exigências do futebol contemporâneo, codificadas pela Fifa, concentradas na garantia de conforto oferecida a um público consumidor que pode optar a qualquer momento pela televisão em detrimento do estádio. Enquanto essa corrida frenética contra o tempo e rumo à Copa vai se fazendo, o Pacaembu vai voltando àquele lugar mais vago e como que fora do tempo, que parece ser quase inerente a sua beleza e à harmonia de sua escala. Do qual é um índice o deserto funcional em que se constitui a praça Charles Miller, perguntando sempre por um destino.

Se era altamente desejável que o Museu do Futebol se instalasse num território consagrado aos jogos, e que participasse da aura enigmática que cerca esses espaços cheios

Estádio do Pacaembu, torcida comemorando gol, foto de 1946

Na página seguinte Torcida do Corinthians em dia de jogo no Estádio do Pacaembu, foto de 1942

de memória, de tensão e de promessa, de mito e de história, incorporando-a ao seu acervo imaterial, nenhum estádio era mais adequado a isso que o do Pacaembu, por tudo que dissemos. Sendo um estádio real, ele mesmo tem algo de museu, de objeto contemplativo, remetendo-nos a um tempo perdido ou à expectativa de um futuro que o resgate. Permanece naquele estado de placidez e de suspensão que nos faz interrogar o enigma do tempo, dos conflitos humanos e da ferocidade sublime com que queremos brincar de jogar.

O belo projeto de Mauro Munhoz entendeu isso, fazendo com que museu vivo e estádio se comuniquem, fazendo ver cada um através do outro – se o museu deixa ver o estádio, fazendo-se passarela e percurso entre a praça e o campo, os vigamentos e os vazios, as arquibancadas e seu avesso, é porque o estádio irradia o bafo da sua presença em cada conteúdo, objeto e imagem nele exposto.

O material é rico, sugestivo, e a experiência inaugural de um Museu desse tipo é extremamente bem-vinda. Os vídeos expostos no Museu, no entanto, contendo antologias de jogadas e de gols, padecem, a meu ver, de um mal contemporâneo, que poderia ser superado: o instantaneísmo picotante que reduz todo o futebol à aparência publicitária de um momento. Seria mais que interessante que o Museu incorporasse jogadas de longa duração, partidas inteiras (adquiridas como os museus adquirem obras de arte), dando ao visitante a oportunidade de fazer também um autêntico mergulho no tempo do futebol.

CORINTHIANS
CORINTHIANS

Abaixo
Estádio do Pacaembu em dia de jogo, arquibancada leste com torres de iluminação, foto sem data

Na página ao lado
Estádio do Pacaembu, torcedores durante partida de futebol, foto de 1942

Nesse outro tempo, que o Estádio do Pacaembu sugere, pela sua singularidade. E que a impactante *Sala da Exaltação* realiza, indo ao subterrâneo das arquibancadas, onde as torcidas são vistas pelo seu avesso, pelos seus ruídos viscerais, mas também pelo silêncio, pelo vazio atroz e pela escuridão que mora naquele inconsciente.

Complexo esportivo do
Pacaembu em evento
noturno, foto sem data

São Paulo e seu estádio

Silvia Ferreira Santos Wolff

Na página anterior
Estádio do Pacaembu visto da Praça Charles Miller, foto sem data

...íamos sempre na geral. Sentávamos no concreto sem encosto e tomávamos de frente o sol da tarde, olhando, ofuscados, os privilegiados das numeradas, sentados à sombra, nas cadeiras de madeira pintadas de verde.

[...]

Nada substitui o contato com a massa, a festa da entrada dos times em campo, as infindáveis discussões sobre quem marcou, sobre se houve ou não um impedimento, sobre quem devia ser substituído. Se nunca mais voltar ao Pacaembu, espero um dia ter inspiração para compor uma valsinha cujo título já está pronto: "Saudades da Geral".

Boris Fausto, *Negócios e ossos*, p. 170-173

Em datas e horários marcados, fins de semana à tarde ou certos dias à noite, um cortejo de pessoas animadas dirige-se aos portões do Pacaembu. São torcedores que, isolados ou em grupos, uniformizados ou não, seguem pelas ruas e avenidas, ou descem as ladeiras que circundam o estádio. Futebol, o esporte que une, separa e desperta paixões.

Nessa hora, não faz parte das preocupações dessa gente saber como aquela construção foi parar ali. Tampouco se importam se houve lutas para que lá permaneça, integrando, com muita proximidade física, o campo, o público e os jogadores. Também não sabem que seus gritos de guerra ecoam pelas encostas do bairro, antes uma área desabitada, com um ribeirão correndo no fundo do vale e uma biquinha pouco frequentada.

Embora tenha sido projetado e construído na segunda metade dos anos 1930 e inaugurado em 1940, época em que o esporte passou a atrair bastante gente para assistir a partidas jogadas em clubes privados, pode-se dizer que a história do estádio se iniciou muito antes, na primeira década do século 20. Mais ou menos na mesma época, uma empresa imobiliária particular, a Cia. City, começou a pensar em ocupar os morros ao redor com a construção de casas. Mas, para entender melhor esse processo, devemos voltar ainda mais no tempo.

A urbanização de São Paulo

São Paulo, até os anos 1870 uma vila pequena e acanhada, sem crescimento significativo desde sua fundação em 1554, vinha se desenvolvendo em progressão geométrica. A marcha tinha-se acelerado mais na virada do século, com a articulação do trinômio estabelecido pela economia cafeeira, pela circulação e comercialização do produto (através das ferrovias e do porto de Santos em direção aos mercados consumidores fora do país) e pelos amplos contingentes populacionais atraídos para as regiões sob influência da cultura em expansão.

O crescimento rápido causou transformações na cidade, cujos limites pouco se tinham modificado desde sua origem. Tanto o comércio como as habitações e as igrejas haviam se concentrado quase exclusivamente no denominado triângulo formado por três ruas: São Bento, Direita e Imperatriz (atual XV de Novembro). Ao redor desse núcleo elevado, havia uma série de povoados afastados, bem como um cinturão de chácaras que, além de terem autonomia para seu sustento, eram estruturas de apoio à sobrevivência e ao funcionamento da vida urbana.

A São Paulo tradicional rompe seus limites e estende-se através de ruas e viadutos, em continuidade ao traçado existente, mas também desbravando terras afastadas do miolo central. Desenvolvem-se bairros, abrigando as funções ampliadas então necessárias: fábricas, comércio, instituições e residências. As construções variam entre barracos, cortiços ou prédios bem edificados; são realizadas por amadores ou sob orientação de mestres de obras e, eventualmente, de engenheiros.

A população que acorre à cidade cria uma demanda crescente por habitações. A carência vai sendo em parte e precariamente atendida nos novos bairros. As várzeas, vales e zonas alagadiças são contornados ou ocupados por moradias para trabalhadores, assim instalados nas proximidades das novas fábricas, sobretudo na direção norte ou leste. Os bairros do Brás, do Bom Retiro e da Barra Funda desenvolvem-se neste processo, fundamentado ainda pela proximidade com o leito das ferrovias e com a Hospedaria dos Imigrantes, porta de entrada dos estrangeiros em busca de trabalho.

As elites cada vez mais se segregam da cidade dos negócios, do "triângulo", passando a ocupar os terrenos de antigas chácaras subdivididas em lotes, já não mais necessárias para a sobrevivência da urbe. As áreas mais valorizadas são as altas e secas, próximas ao centro e às estações, e as regiões servidas por linhas de bondes. Santa Ifigênia, Luz e Campos Elíseos, e também as avenidas São Luís e Liberdade, entre outros locais, são ocupados por residências neste processo.

A proximidade com o centro é valorizada, mas passa a vigorar uma nova preocupação oriunda dos conhecimentos científicos sobre saúde e higiene. Acima de tudo, as elites passam a buscar as zonas altas, arejadas, limpas, nas quais as doenças seriam evitadas. Que se evite a aglomeração: a mescla de funções e de diferentes classes sociais é vista como promiscuidade.

A partir da década de 1880, a segmentação da cidade por classes começa a se configurar: é loteado o bairro de Campos Elíseos, primeiro com traçado de ruas regulares, característica que contribuiu para identificá-lo como o primeiro endereço aristocrático da cidade. Ainda permitindo certa mistura de classes, próximo ao centro e às ferrovias, porém, foi substituído na preferência dos abastados pelas regiões de Higienópolis e posteriormente pela avenida Paulista, onde a segregação se estabelece definitivamente.

Esses empreendimentos definem as zonas de expansão das classes médias e abastadas no início do século 20: o rumo da elite é oeste-sudoeste. Seguindo esse eixo, a *City of São Paulo Freehold and Land Company*, uma empresa imobiliária, compra seus terrenos e, posteriormente, implanta seus projetos.

De modo geral, a ocupação urbana em São Paulo realiza-se sem planejamento e ao sabor de interesses particulares, quer os imediatos dos proprietários das terras, quer os de empresários que adquirem a concessão de serviços públicos, como transporte e infraestrutura de água e luz. Com a participação conivente (ou pelo menos omissa) das administrações municipais, a valorização imobiliária é manipulada. São Paulo cresce rapidamente, e seu potencial como negócio é evidente e bem explorado.

A ação da Cia. City inicia-se em 1911, resultado de um gigantesco empreendimento imobiliário, implementado em grande escala, incluindo modos de negociar, financiar e fornecer auxílio para a construção de imóveis, estratégia pouco usual na cidade até então. Procedimentos comerciais são aplicados para a venda e ocupação de terras parceladas em lotes. Ruas e logradouros são projetados segundo novos parâmetros urbanísticos, introduzindo um padrão de loteamento, conforme experiências em subúrbios ajardinados anglo-americanos e cidades-jardim britânicas. É um marco na paisagem.

O bairro do Pacaembu

Entre as glebas adquiridas, o bairro do Pacaembu é o primeiro a ser objeto de ação da empresa. Região pitoresca e central, chega a ser subdividida e lançada para vendas em 1913, muito pouco tempo depois da constituição da Cia. City. Foi referido como o bairro "mais belo e aristocrático de São Paulo, orgulho da população paulista"[1]. A topografia de difícil ocupação, segundo a legislação existente, acabou por implicar a suspensão do loteamento e das vendas naquele momento.

1
Jornal *A Capital*, 25 mar. 1913. Apud BACELLI, Ronei. *A presença da Cia. City em São Paulo e a implantação do primeiro bairro-jardim*, p. 40.

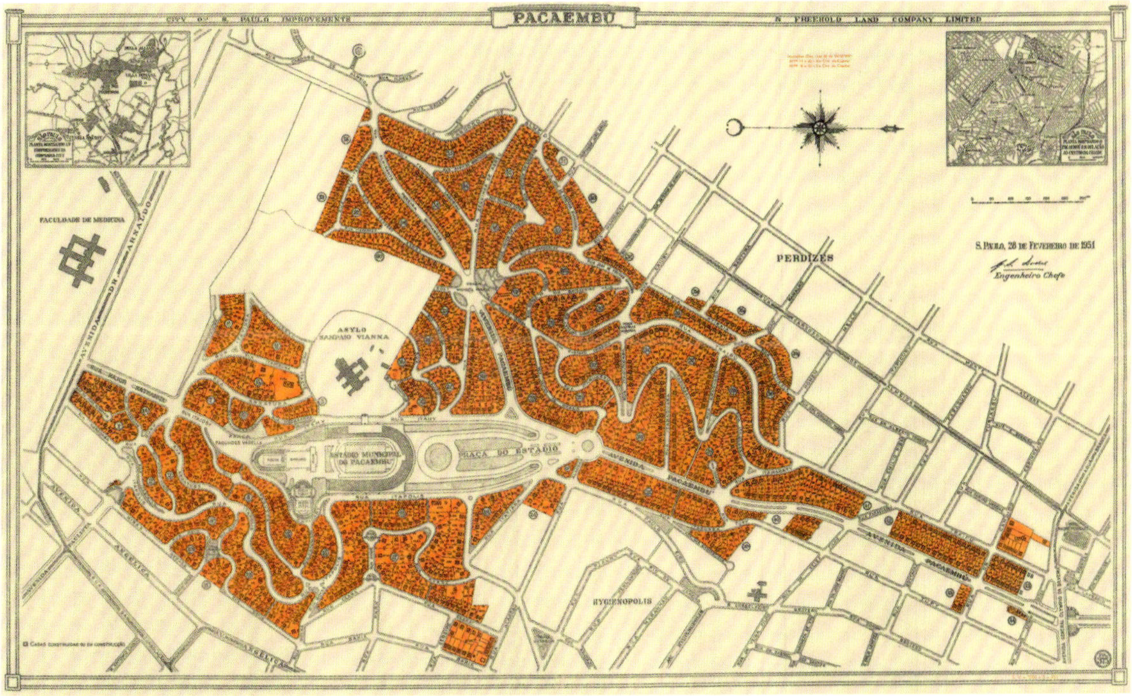

Planta do loteamento do bairro do Pacaembu, datada de 28 de fevereiro de 1951

A despeito da proximidade de áreas já urbanizadas e valorizadas pelas classes altas e médias paulistanas na virada do século 19, os terrenos eram, na melhor definição, pura pirambeira. Desciam do espigão mestre em direção ao vale em duas encostas, modalidade que se evitava ocupar no início do século 20. O significado do próprio nome, Pacaembu, já diz tudo: terras alagadas.

Para trabalhar na concepção e implantação dos investimentos pioneiros da empresa City, vem a São Paulo o arquiteto Barry Parker, responsável, com Raymond Unwin, seu sócio, pela criação do modelo de cidade e subúrbio jardim na Inglaterra. A ocupação do terreno difícil com um traçado inteligente, tentando integrar as riquezas da paisagem natural ao projeto de intervenção, é obra a que se dedicou intensamente em sua estada por aqui e cuja realização defendeu de várias maneiras.

Perspectiva de residências
do bairro do Pacaembu,
desenho sem data

BARRY PARKER INV. ET DEL.

Barry Parker desenhou o bairro levando em consideração a topografia e o visual privilegiado. Buscou potencializar, através de ruas curvas, acompanhando as cotas de nível do terreno, o efeito pitoresco da paisagem. Com esse tipo de traçado, evitou também as imensas ladeiras criadas pela aplicação irrefletida do traçado tradicional de quarteirões regulares sobre o irregular relevo paulistano. Seu projeto propôs um esquema de poucas ruas largas vencendo o vale, complementadas por muitas alamedas menores, de âmbito local. O esquema geral de vias, em sua maioria planas, respeita o contorno das linhas dos morros, acomodando-se neles. Também se tirou partido do potencial da paisagem natural, com pontos focais de visualização.

Acima e na página ao lado, superior, Praça Charles Miller no início do loteamento do bairro do Pacaembu, fotos de 1926

Na página ao lado, inferior, carros no bairro do Pacaembu em obras, foto de 1926

Para viabilizar o projeto de realizar ruas ajustadas à topografia, aproveitar comercialmente o terreno e tirar partido das visuais privilegiadas da paisagem, Barry Parker precisou estudar com afinco. Foi necessário entender-se com engenheiros e sanitaristas, detendo-se em mínimos cortes e aterros, e debruçar-se sobre sistemas inteligentes para fornecimento de água e captação dos esgotos por vielas comuns, evitando ao máximo passagens de servidão em terrenos particulares.

Foi preciso que o arquiteto também convencesse a prefeitura a mudar a legislação. Para isso, sugeriu alterações que tornassem legais as subdivisões e as declividades de vias propostas.

Enquanto isso, desenvolvia planos previamente traçados ainda em Londres, em conjunto com seu parceiro Unwin. Projetos para o loteamento do Jardim América, o primeiro a ser comercializado pela empresa com enorme sucesso, e para o Alto da Lapa. Também, como cortesia da empresa City à cidade e à Prefeitura de São Paulo, desenhou, sobre a mata natural, a urbanização do Parque Trianon na avenida Paulista.

Bairro do Pacaembu em obras, foto de 1928

Alguns desenhos de Parker são ilustrativos da prática de projetar em local de bastante evidência nos loteamentos alguns imóveis para serem eventualmente construídos pela própria empresa. No período inicial das vendas, os desenhos cumpriam o objetivo de divulgar o padrão desejado, e as construções, se efetivadas, concretizavam o que era apenas ideia, além de, futuramente, serem comercializadas.

Canteiro do Estádio do Pacaembu antes do início das obras, foto de 3 de março de 1937

A sensibilidade de Parker para romper com o esquema de tabuleiro de xadrez usual na cidade e criar uma paisagem pitoresca no Pacaembu foi reconhecida em seus resultados por vários autores que analisaram o urbanismo paulistano. Mais ainda quando comparado aos bairros tradicionais, a exemplo do adjacente Perdizes, cujo traçado reticulado provocou algumas das ruas mais inclinadas da cidade.

As primeiras movimentações de solo iniciam-se em 1912. Logo são paralisadas, para serem retomadas em 1922, provavelmente com a certeza da aprovação da nova lei de arruamentos de 1923. Em 1925 finalmente começam as vendas e, em 1936, a Cia. City faz a doação de terras para a construção do Estádio Municipal. O ato dá um sensível impulso à comercialização, pois em 1939 mais da metade dos mil lotes já estava vendida.

Acima
Bairro do Pacaembu no início de sua ocupação, foto de 14 de maio de 1937

Na página ao lado
Casas no bairro do Pacaembu, foto sem data

Foto aérea do bairro do Pacaembu no início das obras, foto de 1939

19.39

A construção do estádio

O complexo esportivo conhecido pelo grande público como Estádio do Pacaembu começa a ser concebido na década de 1920. Introduzido no país por Charles Miller – paulistano com pai escocês e mãe brasileira de origem inglesa –, o futebol passava na época a fazer parte do cotidiano da cidade. Em 1936, data do projeto do conjunto, o interesse pelos esportes em geral, e pelo futebol em particular, já constituía realidade, a ponto de gerar a necessidade de espaços adequados para sua prática.

Diante da crescente demanda por instalações esportivas e da paixão do grande público pelo futebol, a ideia da construção de um estádio municipal tem origem na confluência de interesses dos setores ligados ao espantoso desenvolvimento urbano da cidade de São Paulo desde o final do século 19.

Bairro do Pacaembu e canteiro de obras do Estádio Municipal, foto sem data

Há que se lembrar de que a popularização do esporte se deu em um processo paulatino. Seu nascimento por aqui se dá em clubes privados de elite. Se hoje as disputas das torcidas exigem planejamento especial das equipes de segurança pública e causam algum temor à vizinhança, naquele momento a proximidade do estádio foi um estímulo para a urbanização do entorno e para a comercialização dirigida à classe privilegiada. A percepção desse aspecto foi identificada pela Cia. City, já que não se furtou a ampliar a doação para o poder público de 50 mil para mais de 75 mil metros quadrados de área.

Vista aérea do Bairro do Pacaembu, foto sem data

Com a potencial construção de um grande equipamento público, não só foi criado um polo de atração para o local, mas também se garantiu a ocupação do setor do terreno talvez mais inconveniente para as residências. O espaço reservado para o estádio é o fundo do vale do ribeirão Pacaembu, bem no centro da grande gleba onde a Cia. City trabalhava seu loteamento desde 1913.

Com a construção de um grande equipamento público no centro articulador do loteamento, a empresa não só obteve um polo de atração para o local, mas também garantiu a ocupação do setor do terreno talvez mais inconveniente para as residências.

O impulso efetivo para a consolidação do bairro só se dá com a inauguração do complexo esportivo, com a plena urbanização da área e com o potencial de atração do estádio, da praça que o antecede e da avenida de mesmo nome.

Vistas do bairro e do
Estádio do Pacaembu em
construção, fotos sem data

Vistas do canteiro de obras
do Estádio do Pacaembu,
fotos sem data

Canteiro de obras do Estádio do Pacaembu, foto sem data

A festa de inauguração deu-se em 27 de abril de 1940, com coreografias cívicas e atléticas, bem ao gosto da época. No dia seguinte, aconteceu o primeiro jogo de futebol: Palestra Itália (Palmeiras) 6 X Coritiba 2.

O único estádio existente até então no país era o do Fluminense, no Rio de Janeiro. Inaugurado em 1919, tinha capacidade para 35 mil torcedores. O Pacaembu, na sua configuração original, acomodava 70 mil espectadores. Em 1970, após uma reforma bastante discutível que alterou características do espaço original, passou a abrigar mais 15 mil pessoas, capacidade inviabilizada pelas atuais normas de segurança. A demanda, de qualquer forma, vem diminuindo pelo preço dos ingressos, pela acomodação do público gerada pelas transmissões de televisão ou por tantas outras justificativas apresentadas por comentaristas esportivos.

Entretanto, a concepção original da gestão do prefeito Fábio Prado, idealizada no Departamento de Cultura pelo escritor Mário de Andrade e por Paulo Duarte, capitaneando um grupo de intelectuais, era muito mais ambiciosa do que apenas a de um estádio de futebol. Projetado e construído pelo Escritório Técnico Severo Villares, funcionaria como um complemento aos campos de atletismo, dentro de um amplo programa social de educação de menores sem acesso a clubes privados. São do mesmo período várias iniciativas de promoção cultural na cidade, tal qual a construção de equipamentos como parques infantis e a Biblioteca Pública, mais tarde chamada Mário de Andrade.

Apresentação atlética no Estádio Municipal, foto sem data

Na página seguinte Arquibancada oeste do Estádio Municipal durante evento, foto sem data

Além da crescente e inquestionável paixão pelo futebol por parte de torcedores, o programa do complexo esportivo tinha, portanto, maiores pretensões. Desenvolveu-se dentro do contexto de um programa social em que se incluíam o espírito de valorização das atividades físicas, a introdução de novas modalidades, as conquistas de medalhas por atletas locais e o reconhecimento do potencial educativo dos esportes.

Cartazes da inauguração do Estádio Municipal, ocorrida em 27 de abril de 1940

Na página ao lado
Crianças em desfile cívico no Estádio Municipal, fotos sem data

ARQUE INFANTIL
LEOPOLDINA

Balões soltos a partir
do Estádio do Pacaembu,
foto sem data

Na página ao lado
Evolução da construção da
quadra de tênis coberta do
Pacaembu, fotos sem data

Na página seguinte
Vista da construção do
complexo esportivo do
Pacaembu, foto sem data

O gosto pelos esportes no mundo identificava-se com os novos tempos, com o século 20 e com o forte impulso proporcionado pelas Olimpíadas Modernas, iniciadas em 1896. O culto ao corpo e à atividade física foi incorporado e apropriado pelo público, pelas associações e logo pelos governos.

Em São Paulo nos anos 1920, quando começou a ser pensado preliminarmente o estádio, a febre esportiva incluía corridas de automóvel, clubes às margens dos rios, hipódromos e, intensamente, o futebol.

O futebol em São Paulo, principalmente no ano de 1919, evoluiu espantosamente. [...] Num curto período, sem dar tempo para que as pessoas se acostumassem ao fenômeno, a vida da cidade gera essas agregações maciças, em que tanto a multidão é atraída pela fruição em comum de um espetáculo, quanto pelas próprias proporções das massas envolvidas[2].

2
O match Fluminense-Paulistano. *O Estado de S. Paulo*. Apud SEVCENKO, Nicolau. *Orfeu extático na metrópole*, p. 57.

Também havia uma identificação dessas atividades dinâmicas e modernas com o mundo contemporâneo e com o crescimento entendido como progresso e melhoria para São Paulo, cidade já se desenhando como "a que não pode parar" dos futuros anos 1950.

ESTADIO MUNICIPAL

SEVERO VILLARES
ESTADIO MUNICIPAL

Na página ao lado
Vistas da construção do complexo esportivo do Pacaembu, fotos sem data

Acima
Construção do Tobogã, foto sem data

Na página seguinte
Vista aérea do Estádio do Pacaembu após a construção do Tobogã, foto sem data

Na origem, o arrojado complexo era composto não só pelo estádio, envolto em uma pista de atletismo, mas também por um ginásio poliesportivo, uma piscina olímpica e quadras de tênis. Havia ainda o chamado salão de festas, um amplo palco com instalações de vestiários anexos, conhecido como concha acústica, áreas administrativas, alojamentos para atletas e salão para recepções localizado em uma espécie de ponte sobre uma das ruas laterais do edifício principal. Nostalgicamente lembrada por paulistanos, a concha acústica foi demolida, e seu lugar, ocupado pelo chamado "Tobogã", para ampliar a capacidade do estádio na década de 1970, momento de grande afluxo de torcedores aos campos, na esteira do sucesso internacional da seleção brasileira tricampeã mundial.

Porém, os aspectos mais conhecidos e apreciados por todos são, por um lado, os jogos de futebol e, por outro, a sabedoria da implantação harmônica e respeitosa.

3
BOUVARD, Joseph. O relatório do Sr. Bouvard (15 maio 1911). In TOLEDO, Benedito Lima de. *São Paulo, três cidades em um século*, p. 126-127.

4
ESCRITÓRIO TÉCNICO RAMOS DE AZEVEDO/ SEVERO VILLARES. Histórico do Estádio Municipal. São Paulo.

Curioso observar que o potencial do local já havia sido vislumbrado pelos primeiros arquitetos a visitarem a área. Joseph Bouvard, arquiteto francês, consultor da prefeitura em 1911 e um dos sócios fundadores da Cia. City, foi um crítico feroz da ocupação inepta das encostas paulistanas com o sistema reticulado de ruas. Encaminhou relatório ao prefeito em que apontava os prejuízos para a cidade de se privilegiar a ocupação dos espigões, desprezando os vales como o do Pacaembu, antes mesmo de Barry Parker desenhar o loteamento. Também chamou atenção para o valor de implantar edifícios públicos em pontos focais da paisagem[3]. Mais ou menos na mesma época idealizou, em conjunto com outros arquitetos ligados à Cia. City, a localização do estádio[4].

Sem dúvida, a ocupação das encostas do Pacaembu para o assentamento das arquibancadas do estádio e a sabedoria de se ter reconhecido que a natureza já fornecia parte do anfiteatro é o grande trunfo arquitetônico do edifício, valorizado por todos os que o analisam, mas nunca suficientemente gabado.

O único a se manifestar contrariado com a localização do estádio foi o prefeito Prestes Maia, que inaugurou a obra concebida pelo antecessor Fábio Prado. O engenheiro,

Na página ao lado
Concha acústica do Estádio do Pacaembu já concluída, foto sem data

Acima
Estádio do Pacaembu em obras, foto sem data

embora reconhecesse o acerto da implantação das arquibancadas sobre o sítio natural, não via com bons olhos o convívio do equipamento com o bairro residencial e apontava dificuldades de acesso ao local. Ainda assim, foi quem concluiu as obras do Complexo Esportivo e arruamentos do entorno[5].

Importante salientar que a implantação inteligente possibilita também que uma construção majestosa se amolde tão bem à paisagem, participando dela, mimetizando-se, a despeito de sua monumentalidade, sem oprimi-la, como é o caso de tantos estádios do período.

Nenhum detalhe escapou ao arquiteto da Construtora Severo Villares no desenvolvimento do projeto. Até a preocupação com a orientação ideal para uma boa prática dos esportes esteve presente desde o início. No memorial de apresentação da proposta, esse aspecto era descrito de modo a garantir que os jogadores de futebol, os de tênis e até os nadadores não fossem ofuscados pelos raios de sol. O que não se pode dizer do público dos ingressos mais baratos que, até hoje, se situa de frente para o sol da tarde.

A orientação norte-sul regeu toda a ocupação, inclusive a dos ginásios cobertos. Tudo foi rigorosamente estudado, seguindo padrões técnicos recomendados, referidos no memorial como

5
MAIA, Francisco de Prestes. *Os melhoramentos de São Paulo* (2ª edição), p. 26.

Na página ao lado
Publicidade da Cia. City sobre o loteamento do Pacaembu, de 12 de maio de 1950

Acima
Vista aérea do Estádio do Pacaembu, com verticalização no espigão das avenidas Paulista e Dr. Arnaldo ao fundo, foto sem data

"de acordo com as normas standard". Nestes equipamentos, o apuro técnico e formal também merece registro, com destaque especial para as instalações destinadas ao tênis, cuja beleza estética e maestria da estrutura de cobertura de madeira são surpreendentes.

Outro exemplo de engenhosidade é a conformação da praça frontal: o amplo anfiteatro previsto para as funções que desempenha – estacionamento em dias de jogos e local para grandes aglomerações – tanto se abre para a avenida de fundo de vale como possui um limite claramente definido. O grande espaço foi pensado cuidadosamente de modo a não criar elementos que minimizem o impacto de sua magnitude, sem, no entanto, descuidar da consonância da imensa fachada do estádio com a paisagem urbana.

A estética do Pacaembu

Esteticamente, a fachada pertence a uma corrente de arquitetura que tem sido objeto de classificações variadas: ora *art déco*, ora protorracionalista, ora fascista. Trata-se de uma arquitetura que se caracteriza pelo despojamento ornamental, por linhas geométricas puras, por sua filiação aos fundamentos clássicos de sobriedade e pelo rigor nas proporções.

Estádio do Pacaembu, vista a partir da rua Desembargador Paulo Passaláqua, foto sem data

Na página ao lado
Muro da arquibancada leste do Estádio do Pacaembu na rua Itápolis, foto sem data

Sua retórica, diferentemente daquela da arquitetura eclética que a antecedera, inclusive em prédios oficiais, não se baseia em elementos ornamentais sobrepostos, mas no respeito à simetria, à sobriedade e, principalmente em edifícios públicos, à monumentalidade. Podem ser lembrados neste sentido construções italianas do período de Mussolini, o Palácio Trocadéro em Paris e a Casa dos Soviéticos em São Petersburgo, edificações projetadas e construídas nos anos 1930 e início dos 1940, período dos governos totalitários na Itália e na Alemanha. Daí sua frequente classificação com atribuições do campo da política.

O projeto do conjunto esportivo do Pacaembu iniciou-se por volta de 1936, mesmo ano em que se realizara a Olimpíada de Berlim, com cujo estádio sua fachada guarda semelhanças – um vínculo quase natural, considerando que aquela construção era o mais recente exemplar de um programa que praticamente se inaugurava no Brasil: o estádio de futebol.

Visão interna do Estádio Municipal, foto sem data

A estética do Pacaembu representou a superação da arquitetura ornamentada antes presente nas construções oficiais e que mantém ainda vários vestígios na cidade de São Paulo. Muitas obras públicas, construídas na administração do prefeito Prestes Maia (1938-1945), período em que se inaugurou o estádio, fazem parte dessa corrente. São representativos dessa fase na cidade os túneis da avenida 9 de Julho, a ponte das Bandeiras, o viaduto Pacaembu e a Galeria Prestes Maia. Essa arquitetura perdurou pelo menos até os anos

Galeria superior da arquibancada leste do Estádio Municipal

Na página seguinte Arquibancada oeste do Estádio do Pacaembu vista do anel central, foto sem data

1950, quando a inauguração do Parque do Ibirapuera constitui um marco do efetivo início da arquitetura moderna em São Paulo.

Não deixam de ter alguma vinculação plástica com a arquitetura do estádio os tantos sobradinhos geminados que se implantaram em bairros como Pinheiros, e que têm como elementos o revestimento de massa raspada, as janelas circulares e os guarda-corpos tubulares. Estética às vezes chamada de arquitetura-barco, por sua inspiração na aparência dos navios. Nessas residências, porém, a escala é reduzida.

A escala monumental marcantemente presente no Estádio do Pacaembu é um atributo da arquitetura pública que se manifesta no gigantismo das colunas do acesso principal, no portal bem demarcado por duas colunas que o delimitam lateralmente, ao mesmo tempo em que se elevam em altura superior à de todo o conjunto, exatamente como no estádio de Berlim.

No entanto, o que parece afirmar-se mais fortemente na opção plástica do Pacaembu é seu vínculo com a cultura arquitetônica clássica. O símbolo maior de toda essa cultura estética presente na idealização do projeto talvez seja a réplica do *Davi* de Michelangelo que se localizava junto ao campo.

Na imagem maior
Acesso ao camarote de honra do Estádio Municipal, foto sem data

Nas imagens menores
Áreas internas do Estádio do Pacaembu abaixo da arquibancada, anteriormente ocupadas por restaurante, bares, salas de luta, administração e outras dependências, hoje ocupadas pelo Museu do Futebol, fotos sem data

Acima
Salão da tribuna oficial
e administração do
Estádio, fotos sem data

Na página ao lado
Escultura de Davi no
complexo esportivo
do Pacaembu, foto
sem data

A chegada do Museu do Futebol

A fachada voltada para a praça Charles Miller, cujo nome é uma justa homenagem a quem é conhecido como o introdutor do futebol no Brasil, corresponde ao setor suspenso das arquibancadas (norte), e é o trecho em que se desenvolveu o projeto para a implantação do Museu do Futebol. Ocupado por setores administrativos e alojamentos, o espaço era pouco acessível ao público. Exceção feita ao local onde, conforme função prevista no projeto original, alguns restaurantes se instalaram, de modo intermitente, a partir de concessão de uso para diferentes empresas. Este prédio delimita o campo propriamente dito e opõe-se ao Tobogã, no local da destruída concha, na extremidade oposta do gramado.

Fachada principal do Estádio Paulo Machado de Carvalho visto da Praça Charles Miller, foto de 2012

Na página ao lado
Fachada do Estádio do Pacaembu, com passarela do Museu do Futebol atrás do pórtico, foto de 2012

Pouca gente sabe, mas houve momentos em que o conjunto esportivo teve ameaçada sua permanência ou sua função de estádio municipal e espaço público. Governantes menos sensíveis ao apreço que os paulistanos têm por ele volta e meia pensam em arrendá-lo, vendê-lo para igrejas evangélicas ou times particulares de futebol sem muita preocupação com a preservação das características arquitetônicas e urbanísticas que contribuíram para sua consagração.

MACHADO DE CARVALHO

6
Foi posteriormente tombado pelo Conselho Municipal de Preservação do Patrimônio Histórico, Cultural e Ambiental da Cidade de São Paulo – Conpresp

Em 1998, o tombamento pelo Conselho de Defesa do Patrimônio Histórico, Arqueológico, Artístico e Turístico (Condephaat), órgão de preservação do Governo do Estado de São Paulo, visou reconhecer sua relevância para o patrimônio cultural paulista, por sua arquitetura, engenharia, inserção urbana, papel no desenvolvimento do esporte e por seu vínculo afetivo com a população. Com a preservação oficial, é possível garantir cuidados nas alterações que têm sido consideradas justificáveis para a atualização do espaço a usos contemporâneos[6].

Apesar de tombado, o equipamento de cerca de setenta anos não teve ainda a oportunidade de incorporar inovações tecnológicas para sua utilização plena nas arquibancadas, piscinas, ginásios, quadras e praça, que permanecem aguardando atualização para o uso contemporâneo, conservação e recuperação material.

Perspectiva do primeiro projeto do Estádio Municipal, Escritório Severo & Villares, desenho datado de 22 de novembro de 1933

Por outro lado, o processo de valorizar um ponto tão importante do patrimônio cultural de São Paulo, iniciado pelo tombamento, teve sua continuidade concretizada na implantação de um museu na parte frontal do edifício.

O Museu do Futebol permite o acesso a espaços que conectam o antes oculto interior do edifício à praça monumental. Ao percorrer as salas de exposição, é possível integrar um lado ao outro da fachada, ter percursos contínuos de uma ponta a outra do prédio e conhecer as arquibancadas pelo lado avesso. Da mesma forma, são reveladas a escala grandiosa dos óculos da fachada e a grandeza da engenharia de acomodação do edifício ao terreno do vale.

A perspectiva do eixo da avenida, agora visível a partir do interior do edifício, é uma nova dimensão presenteada aos paulistanos. De dentro para fora e de fora para dentro, o grandioso gesto da engenharia do passado, revisto e ampliado, contribui para ancorar mais firmemente o prédio nos terrenos do Pacaembu. Consagra-se mais uma vez a integração entre a cidade, o bairro e o estádio.

O projeto, conduzido de forma a realçar aspectos desconhecidos do prédio, de sua engenharia e arquitetura, dá a conhecer seu interior e franqueia o acesso do público. Ao mesmo tempo, a intervenção em boa sintonia com os órgãos de preservação criou um novo uso e apropriação do espaço construído, respeitando e revelando a essência da edificação.

Ao abrigar um novo uso, um museu do futebol, ampliou-se de modo exponencial a fruição do prédio do Pacaembu para além do proporcionado pelos jogos de futebol. Moderno e criativo, o Museu do Futebol traz ao público, de modo lúdico, a memória da paixão nacional, apresentando aspectos ligados a sua prática e homenageando seus fundamentais agentes: jogadores e torcedores.

Que os torcedores, amantes do futebol em geral e cidadãos continuem a se dirigir para essa arena tão querida dos paulistanos e desfrutem do resultado deste empenho.

Abaixo
Fachada principal do primeiro projeto do Estádio Municipal, Escritório Severo & Villares, desenho datado de 29 de junho de 1934

Na página ao lado
Maquete do primeiro projeto do Estádio do Pacaembu, foto sem data

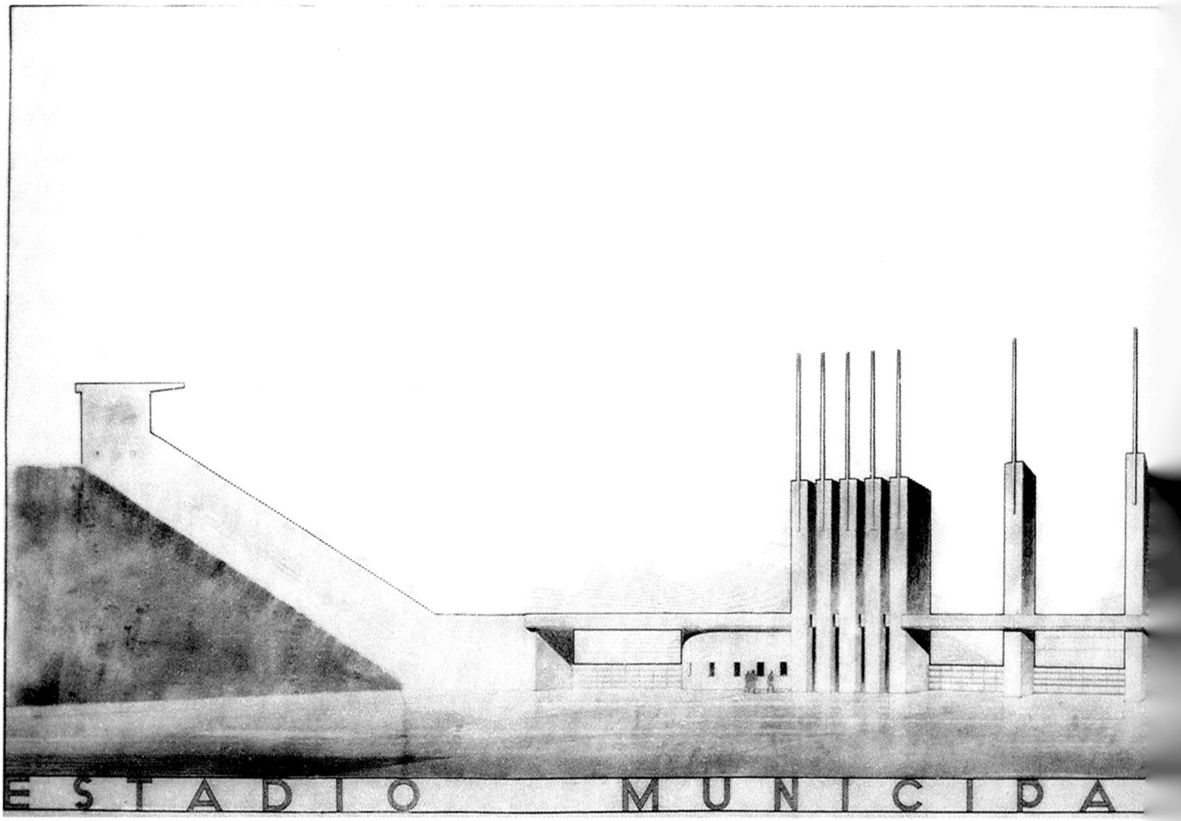

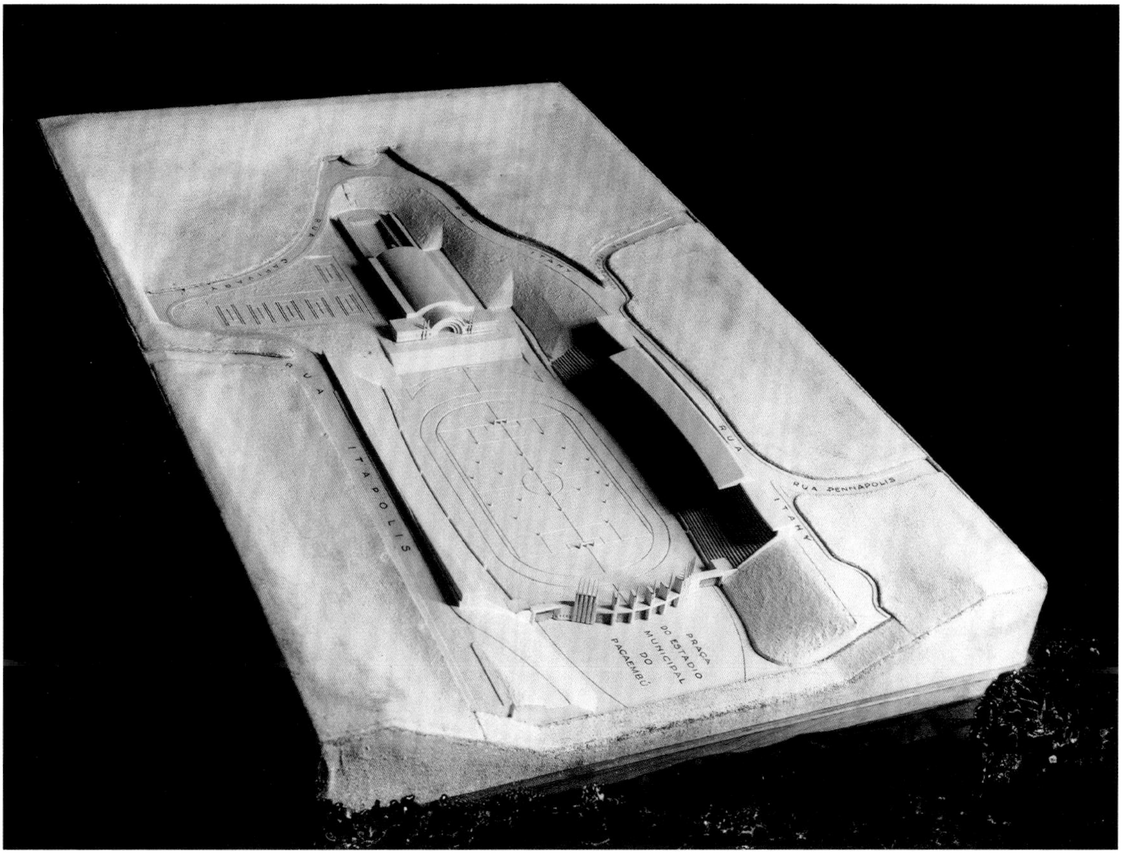
RUA
ITAPOLIS
RUA
RUA PENNAPOLIS
ITAMA
PRAÇA
DO ESTADIO
MUNICIPAL
DO
PACAEMBÚ

SEVERO & VILLARES
29-6-1934
Nº 2368
DE SÃO PAULO

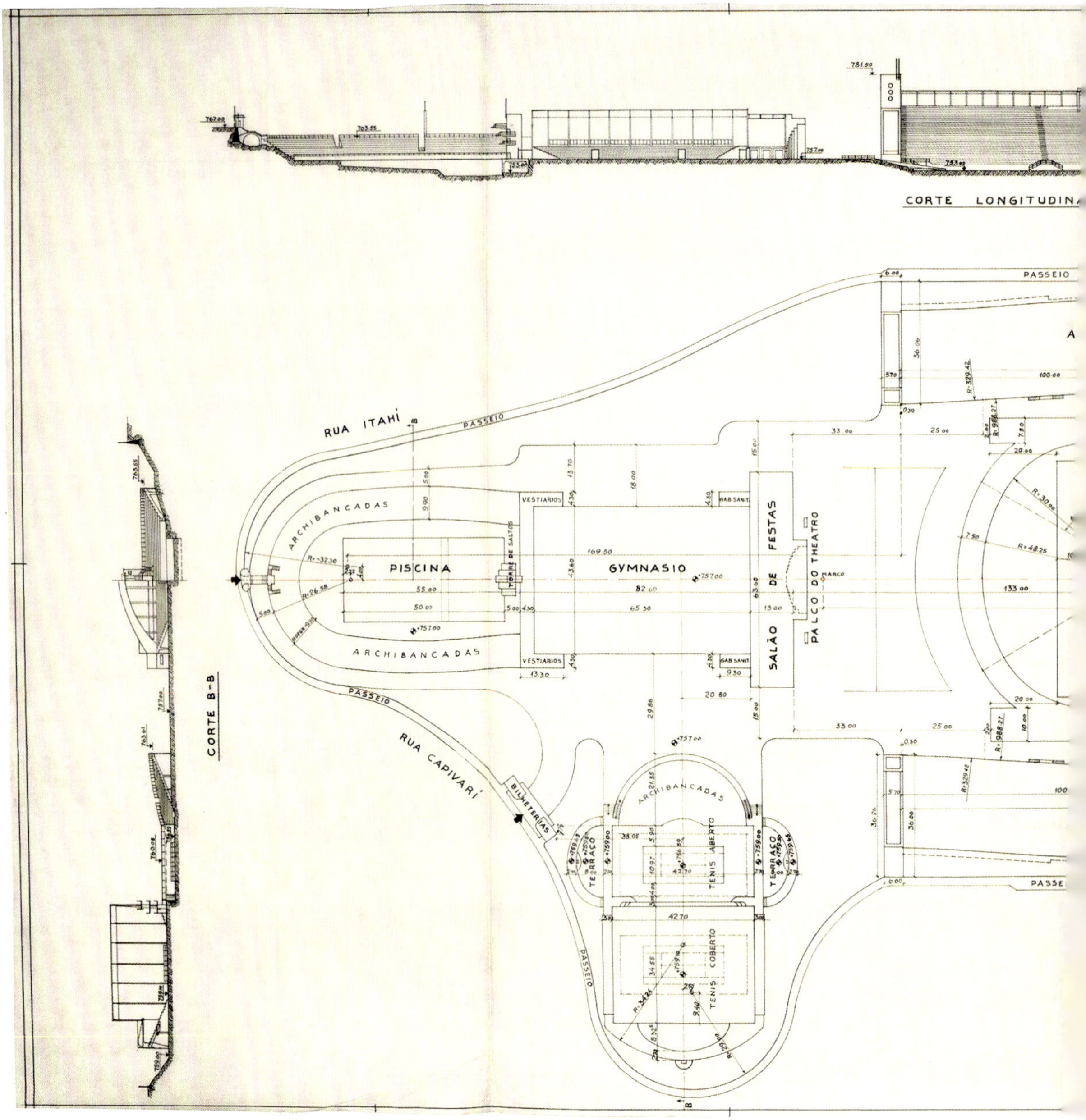

Projeto definitivo do complexo esportivo do Pacaembu, implantação, cortes e elevações, Escritório Severo & Villares, desenho de 1940

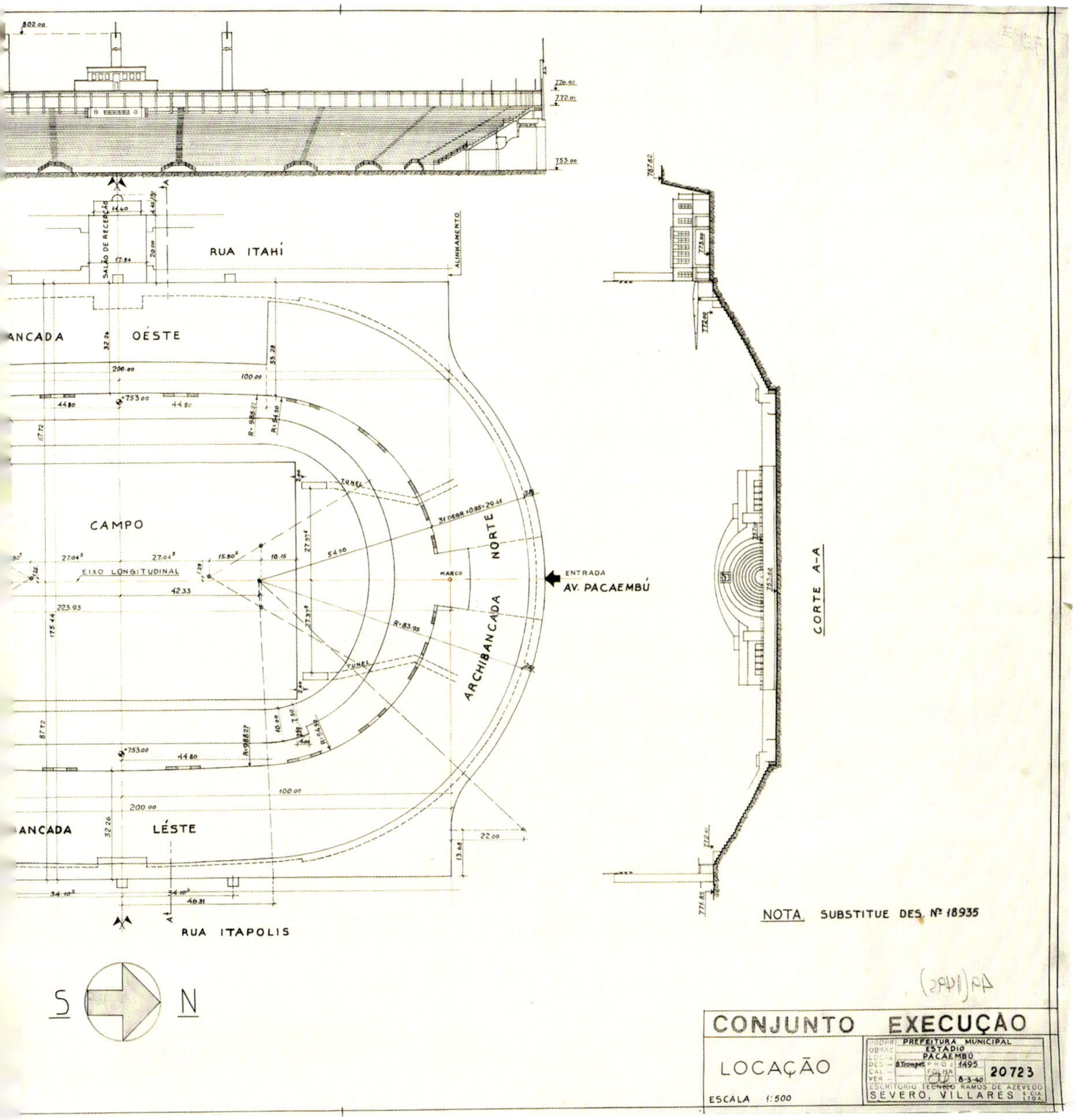
RUA ITAHI
ALINHAMENTO
SALÃO DE RECEPÇÃO
ANCADA OÉSTE
CAMPO
EIXO LONGITUDINAL
TUNEL
MARCO
NORTE
ARCHIBANCADA
ENTRADA
AV. PACAEMBÚ
ANCADA LÉSTE
RUA ITAPOLIS
CORTE A-A
NOTA SUBSTITUE DES. Nº 18935
S
N
CONJUNTO EXECUÇÃO
LOCAÇÃO
ESCALA 1:500
PREFEITURA MUNICIPAL
ESTADIO
PACAEMBÚ
1495
8-3-40
20723
ESCRITORIO TECNICO RAMOS DE AZEVEDO
SEVERO, VILLARES & CIA LTDA

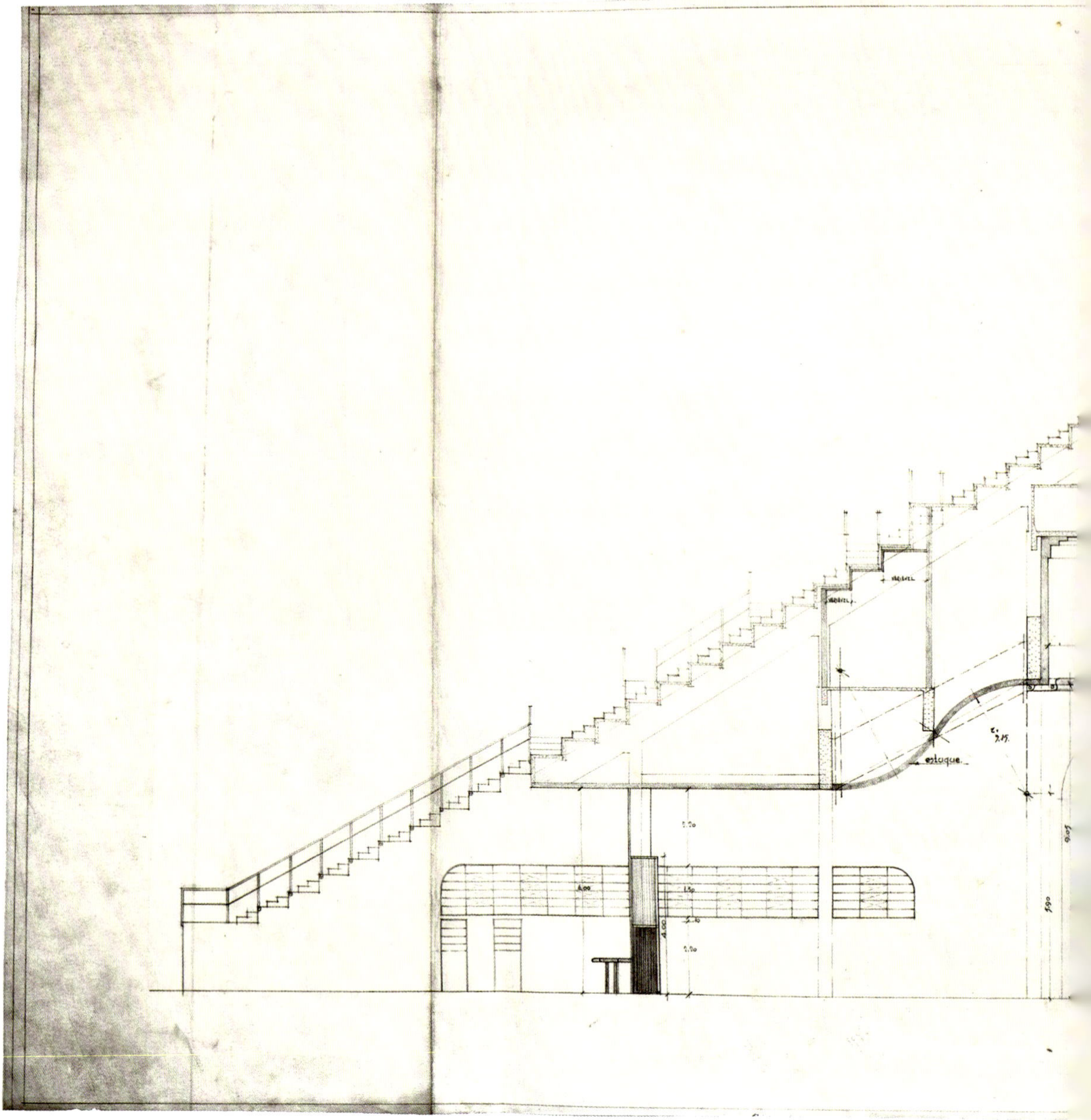

Projeto definitivo do Estádio do Pacaembu, cortes, Escritório Severo & Villares, desenho de 1938

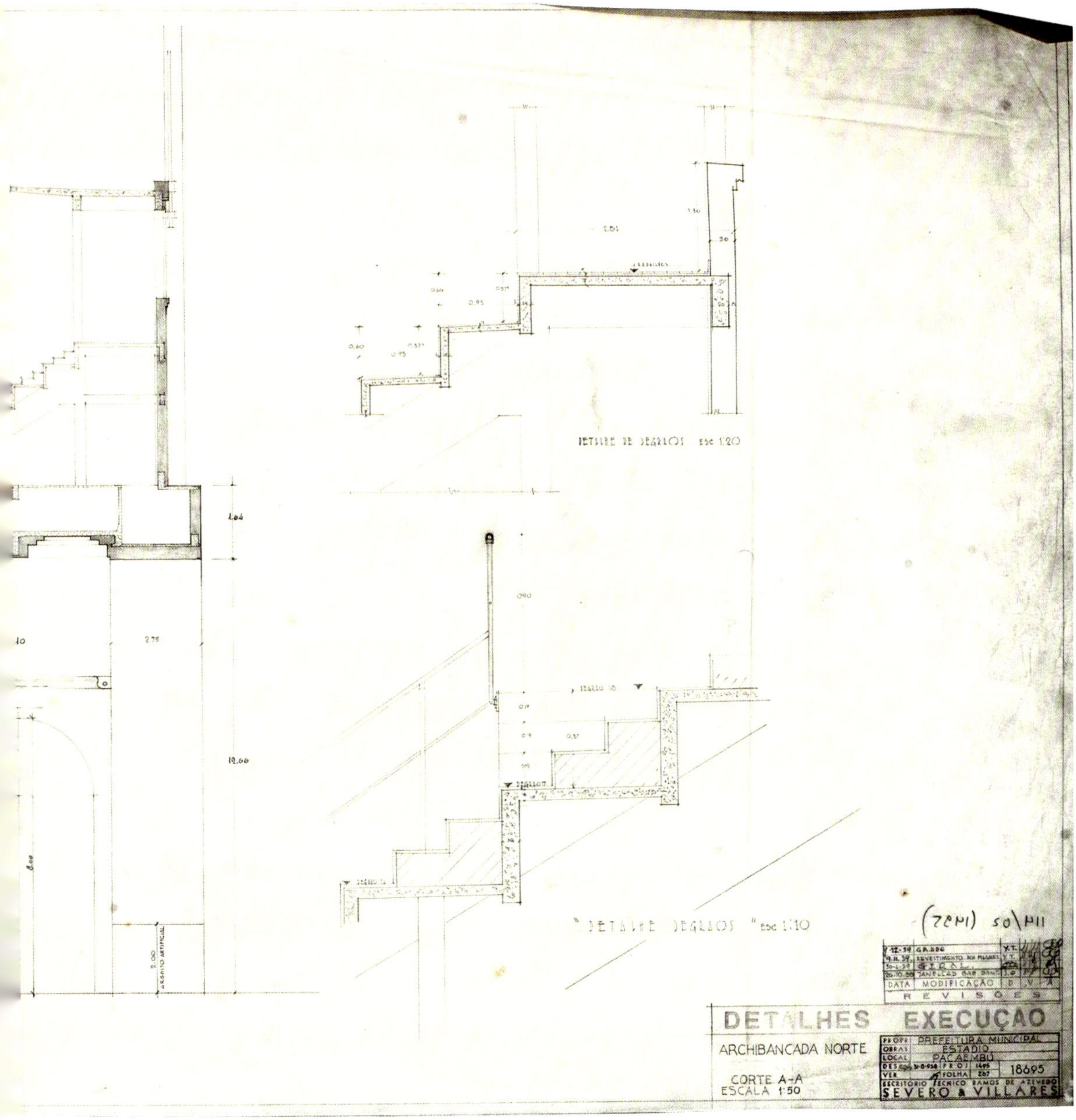
DETALHE DE DEGRAOS esc 1:20
"DETALHE DEGRAOS" esc 1:10
DATA
MODIFICAÇÃO
REVISÕES
DETALHES EXECUÇAO
ARCHIBANCADA NORTE
CORTE A-A
ESCALA 1:50
PREFEITURA MUNICIPAL
ESTADIO
PACAEMBU
18695
ESCRITORIO TECNICO RAMOS DE AZEVEDO
SEVERO & VILLARES

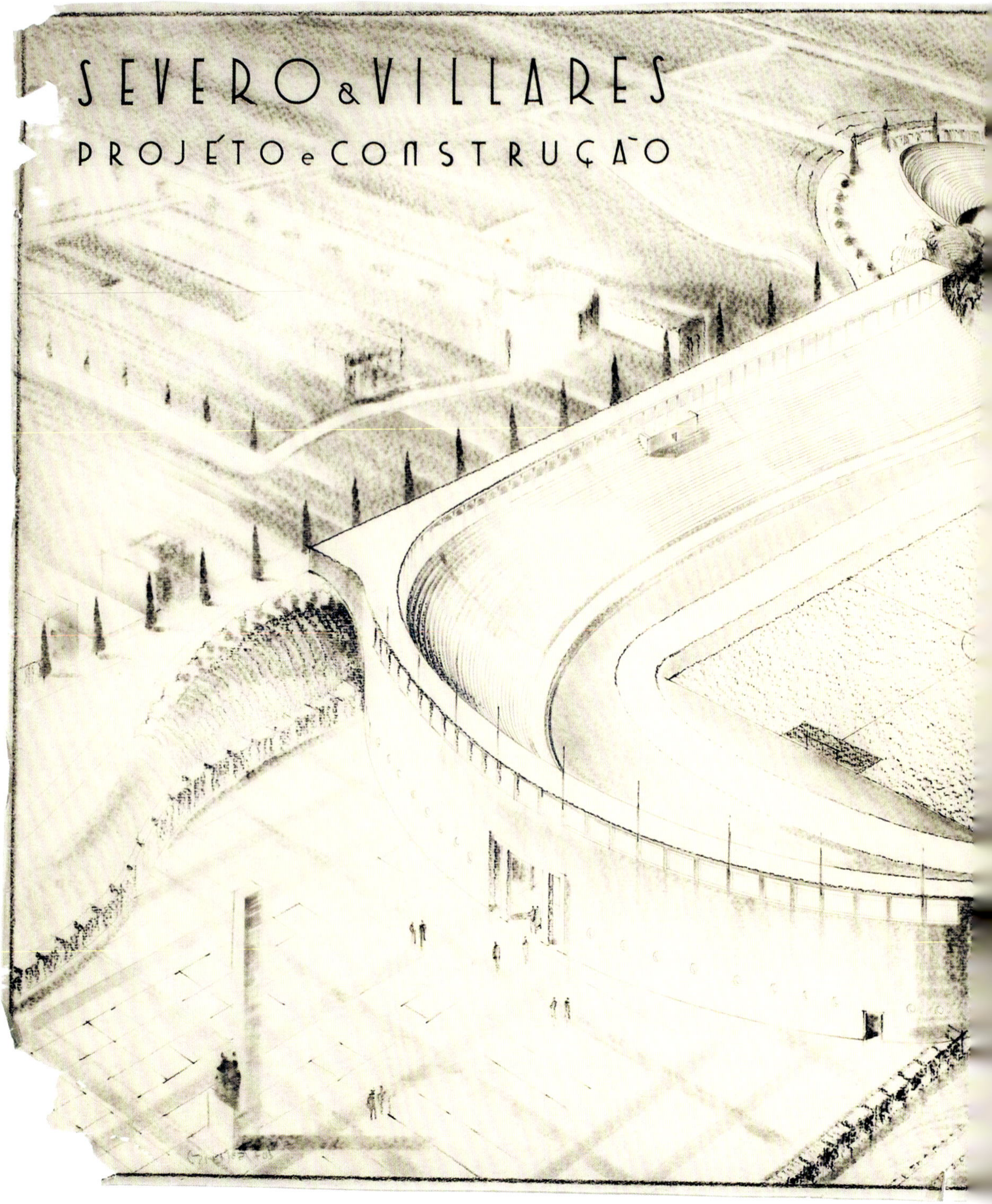

Projeto definitivo do Estádio do Pacaembu, perspectiva, Escritório Severo & Villares, desenho sem data

Capítulo 1

O que é o Museu do Futebol

Na página anterior
Fachada do Estádio do Pacaembu, foto de 2008

Instalado sob a arquibancada norte do Estádio Municipal Paulo Machado de Carvalho – o Pacaembu, em São Paulo – numa área de 6.900 metros quadrados de frente para a praça Charles Miller, o Museu do Futebol celebra o esporte que se tornou uma das mais conhecidas manifestações nacionais. Numa iniciativa pioneira, arquitetura, museografia e curadoria integram-se para mostrar como o futebol ajudou a formar a identidade do país e, ao mesmo tempo, deixou-se influenciar e aprimorar pela cultura brasileira.

Esse museu da era digital conta a história do esporte por meio dos mais modernos recursos multimídia, numa sequência de experiências sonoras e visuais, muitas vezes interativas e lúdicas. À virtualidade de boa parte do acervo contrapõe-se a realidade da estrutura de concreto do estádio, agora visível e restaurada. Tanto a arquitetura original do Pacaembu quanto a intervenção feita pelo projeto do Museu do Futebol enriquecem a visitação, tornando-a ainda mais completa.

A ideia começou efetivamente a sair do papel em junho de 2005, quando se realizou o primeiro de dois *workshops* com profissionais de diversas áreas de atuação: representantes das instituições mais diretamente envolvidas na realização (a Fundação Roberto Marinho e a São Paulo Turismo); convidados de órgãos governamentais como a Secretaria Municipal de Cultura, a Secretaria Municipal de Esportes e a Secretaria de Estado da Cultura; arquitetos, antropólogos e jornalistas. Juntas, essas pessoas discutiram as principais questões relativas ao Museu, inaugurado pouco mais de três anos depois, em setembro de 2008, após treze meses de obra.

Àquela altura, já se sabia o local que abrigaria o acervo: o edifício frontal do estádio do Pacaembu. A decisão levou em conta uma avaliação institucional em termos de políticas públicas para a cidade de São Paulo, promovida pela Fundação Roberto Marinho, que considerou aspectos urbanísticos, adequação dos espaços utilizáveis, custos, referências de outros museus de futebol em estádios etc. Se hoje esta parece uma escolha natural, quase indiscutível, na época foi motivo de alguma controvérsia. Havia outros lugares possíveis, como a Casa das Retortas, no parque D. Pedro, e um terreno de 10 mil metros quadrados onde havia uma garagem da CMTC, antiga empresa de transporte público de São Paulo, no bairro da Luz. Ambas as opções ofereciam muito mais área útil para a exposição que se pretendia montar, e contava a favor delas a localização próxima ao centro da cidade, região mais carente de uma intervenção urbana de grande porte e que, sem dúvida, seria beneficiada pela presença de um museu.

1
JACOBS, Jane. *Morte e vida de grandes cidades*, em especial o capítulo 6, "Os usos dos bairros", p. 123-153.

Na página seguinte
Fotomontagem da remodelação proposta para a Praça Charles Miller

Perspectiva do Museu do Futebol

Por outro lado, o argumento pelo estádio era difícil de rebater: sua associação com o futebol é imediata. Mas a primeira sugestão, e talvez por isso o Pacaembu não tenha logo obtido a unanimidade que merecia diante dos outros candidatos, consistia em instalar o Museu do Futebol sob o "Tobogã" – arquibancada construída no lugar da concha acústica em 1970, numa reforma questionável que descaracterizou o projeto original. Além de carregar esse estigma, esse local furta-se de qualquer diálogo com os espaços públicos vizinhos. Colocar o Museu ali seria uma chance perdida de criar uma relação mais viva entre o estádio e a praça Charles Miller, subutilizada, apesar de seus generosos 30 mil metros quadrados. Uma atração como o Museu do Futebol não só contribui para a diversificação de usos do bairro – uma das condições para a vitalidade das metrópoles, como escreveu Jane Jacobs em *Morte e vida de grandes cidades*[1] –, como tem potencial para atrair pessoas de todas as classes sociais, gerando diversidade no espaço público, democratizando-o. Sim, o bairro do Pacaembu também carecia de uma intervenção urbana.

Por isso, a ideia de alocar o Museu no edifício frontal do estádio e fazer dele um instrumento de revitalização do entorno aparece já nos estudos preliminares para o projeto de arquitetura. Essa proposta ecoou junto aos arquitetos e técnicos do Departamento do Patrimônio Histórico – DPH, ligado ao Conselho Municipal de Preservação do Patrimônio Histórico, Cultural e Ambiental da Cidade de São Paulo – Conpresp, e do Conselho de Defesa do Patrimônio Histórico, Arqueológico, Artístico e Turístico do Estado – Condephaat, órgãos responsáveis por avaliar e aprovar (ou não) qualquer alteração que se pretenda realizar numa construção tombada, caso do Pacaembu. Ao se identificarem com a intenção de promover uma multiplicidade de usos no térreo do Museu capaz de qualificar a praça Charles Miller (trataremos deste assunto detalhadamente no próximo capítulo), ambos os órgãos compreenderam a relevância de realizar intervenções radicais no edifício tombado e se tornaram parceiros na preservação da integridade conceitual do projeto ao longo de toda a obra, por meio de visitas técnicas periódicas.

A aprovação do anteprojeto pelo Condephaat e pelo Conpresp saiu poucos meses depois, em setembro e outubro de 2005, respectivamente. O documento do Condephaat oficializava as propostas já apresentadas ao recomendar que o projeto contemplasse um plano de integração e de recuperação da praça Charles Miller, "extremamente deteriorada e loteada em diferentes usos sem efetivo gerenciamento". Solicitava, ainda, que o projeto museológico tivesse o cuidado "de incluir o próprio espaço e a caracterização arquitetônica e urbanística do Complexo como um dos segmentos a serem destacados no Museu". Ambos os itens são premissas do projeto de arquitetura, como também veremos no próximo capítulo.

ESTADIO
PAULO MACHADO

ESTA
PAULO

CIPAL
CARVALHO

ICIPAL
CARVALHO

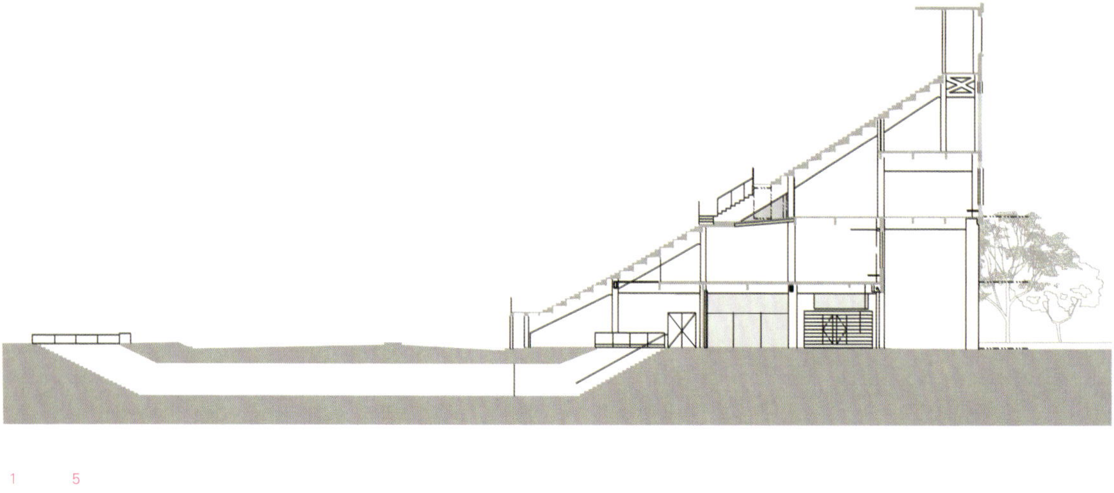
1
5

Na página ao lado
Saguão principal, *Grande Área*, do Museu do Futebol, foto de 2008

Corte do antigo acesso subterrâneo ao campo de futebol

Museu do Futebol, Sala de Exposições Temporárias, mostra *Mania de Colecionar*, foto de 2009

Já a carta do Conpresp expressa preocupação com a preservação dos testemunhos arquitetônicos, questão que norteou o trabalho o tempo todo.

Com relação ao conteúdo, o Museu organiza-se em torno de três eixos: emoção, história e diversão. A entrada pelo Pórtico Monumental dá início à visita, pensada para agradar adultos e crianças, fanáticos ou não. O saguão principal, chamado *Grande Área*, expõe reproduções ampliadas de camisas, flâmulas e outros símbolos que representam o entusiasmo das torcidas. A ampliação tornou esses objetos mais visíveis, compreensíveis e proporcionais ao local, onde o pé-direito alcança 18 metros de altura.

Ainda no térreo, a Sala de Exposições Temporárias abriga um antigo acesso subterrâneo utilizado para a entrada dos times em campo. Normalmente fechado, ele pode ser aberto excepcionalmente em uma exposição específica.

Em seguida, já no primeiro pavimento, uma sequência de salas, como a dos *Anjos Barrocos* (com suas alternadas projeções de grandes jogadores em tamanho natural), a dos *Gols* e a dos *Rádios* (que reúnem imagens e narrações de gols inesquecíveis), propõe um mergulho nesse universo.

Depois de passar pela *Sala da Exaltação*, uma câmara escura onde projeções sonorizadas de torcidas transportam o visitante praticamente para o meio de uma arquibancada durante um jogo, vem o trecho mais dedicado à história. A *Sala das*

GÉRSON

Origens conta, por meio de fotografias e vídeos, como o futebol deixou de ser um esporte de elite e se popularizou, enquanto a das *Copas* relaciona fatos políticos, culturais e sociais contemporâneos a cada Copa do Mundo.

Reservadas para o final do percurso, as experiências lúdicas começam na *Sala dos Números e Curiosidades*, onde painéis coloridos com informações curtas e ilustradas compõem um almanaque do futebol.

Nessa sala, jogos de pebolim representando os diversos esquemas táticos incentivam a brincadeira, enquanto uma abertura para a arquibancada oferece uma vista panorâmica do campo, em mais uma possibilidade de interação entre as pessoas e o estádio.

Por fim, o torcedor-visitante pode testar a potência de seu chute, bater um pênalti e brincar em jogos virtuais. Para cada uma dessas salas, o projeto museográfico desenhou suportes e estruturas inspiradas no mobiliário urbano, que mantêm sempre visíveis a arquitetura do estádio e a do Museu.

A exposição termina na *Sala Pacaembu*, que exibe pranchas com os desenhos originais do complexo esportivo, projetado nos anos 1930 pelo escritório Severo Villares, e fotos de sua construção, da inauguração e de seus primeiros anos de uso. Entre elas, há registros do fotógrafo Thomaz Farkas,

Na página anterior
Sala Anjos Barrocos, no primeiro pavimento, foto de 2008

Abaixo
Sala das Origens, no segundo pavimento, foto de 2008

Na página ao lado
Sala da Exaltação, fotos de 2008

Abaixo
Sala dos Números e Curiosidades, com informações e jogos interativos, fotos de 2008

Na página ao lado
Sala das Copas com totens com vídeos de todas as Copas do Mundo, foto de 2008

que documentou detalhadamente a relação dos frequentadores com o estádio. Embora tenha recebido uma sala exclusiva em sua homenagem, o Pacaembu, com sua história e sua arquitetura, faz-se presente o tempo todo nos demais espaços. Do começo ao fim do percurso, por dentro e por fora do edifício, o Museu recupera esse ícone e o devolve à população, rememorando seu passado e qualificando-o para o futuro. Um reconhecimento formal dessa intenção veio com o prêmio concedido em dezembro de 2008 pelo Instituto dos Arquitetos do Brasil – Departamento São Paulo, na categoria Edifício/Obra Concluída/Requalificação e Restauro. Mas tão importante quanto isso é o reconhecimento informal das pessoas que passaram a frequentar e a apreciar a Charles Miller, contemplando-a e povoando-a desde as mesinhas colocadas no limiar entre o Museu e a praça.

BRASIL
58

Capítulo 2
O projeto de arquitetura

Um projeto é feito de desenhos, muitos desenhos, além daqueles que representam fielmente o objeto de estudo. Rabiscos, rascunhos, croquis, esquemas quase nunca documentados, mas tão importantes quanto as plantas, os cortes e os detalhes finais de um projeto executivo. São instrumentos prévios de interpretação, imprescindíveis para entender as inúmeras relações entre um edifício e o local ocupado por ele.

Na página anterior
Acesso principal do estádio e entrada para a loja do Museu, foto de 2008

Acima
Construção da fachada do Estádio Municipal, foto sem data

A leitura do contexto corre também por outros caminhos. É preciso investigar a história do lugar, suas características físicas (as construídas e as naturais), o modo de vida e as referências culturais de quem vai habitá-lo, o repertório técnico das pessoas que vão construí-lo. Nesse processo não linear, a solução projetual, ou síntese, decorre de uma extensa análise, numa forma de trabalho focada na interlocução entre os membros da equipe. E a qualidade do resultado guarda uma relação direta com a capacidade de conter a ansiedade e envolver-se com o contexto, antes de simplesmente se apoiar na primeira ideia e começar a criar (uma tentação comum, normalmente justificada por pressões referentes a custos e prazos). Só esse entendimento permite tomar decisões embasadas, aprofundadas e coerentes.

Construção da arquibancada leste do Estádio Municipal, foto sem data

Esse método revelou-se bastante adequado para o Museu do Futebol. Como o estádio espelha inteiramente a complexa e emblemática história do bairro do Pacaembu, nela estão respostas para questões como sua implantação, seu formato e o sistema construtivo utilizado para erguê-lo. Informações-chave para uma intervenção arquitetônica num edifício histórico, tombado e, acima de tudo, muito querido pelos paulistanos.

A análise histórica remete às primeiras décadas do século 20, quando apareceram os contornos do bairro do Pacaembu. Naquela época, São Paulo precisou dar conta muito rapidamente de um intenso afluxo econômico, a despeito de sua precária infraestrutura. Havia, ainda, a necessidade de domar o meio natural. Planejado de acordo com os princípios da cidade-jardim (modelo urbanístico idealizado pelo inglês Ebenezer Howard no final do século 19), o Pacaembu traduz um esforço civilizatório, uma tentativa de alcançar o equilíbrio entre a urbanização e a natureza. O mesmo conceito está presente no estádio, cuja estrutura de concreto encaixa-se perfeita e harmoniosamente nos taludes de uma grota úmida, inadequada para a ocupação com casas, um terreno rebelde, quase problemático, carente de uma solução urbanística. Tanto que até poderíamos nos perguntar: será que aquela construção não apareceu ali justamente porque suas arquibancadas adéquam-se tão exatamente à paisagem?

Construção das arquibancadas do Estádio do Pacaembu, fotos sem data

O restauro, a reforma e o reaproveitamento de edifícios do porte do estádio do Pacaembu apontam um caminho para São Paulo superar a relação conflituosa e paradoxal que mantém com seu próprio passado, permanentemente renegado para dar lugar ao novo. Isso aconteceu com as taipas erguidas no século 18, derrubadas no século 19 em prol das construções de alvenaria, cujos vestígios, por sua vez, sumiram com o surgimento da cidade de concreto armado no século 20. No livro *São Paulo, três cidades em um século,* Benedito Lima de Toledo formula a comparação com o palimpsesto, o pergaminho cujo conteúdo pode ser raspado para que se escreva novamente sobre a mesma superfície[1]. De certa forma, o projeto do Museu do Futebol defende que é preciso vencer o mito do espaço sem interferências e a ideia de que as edificações preexistentes cerceiam a liberdade de criação. Há que se pensar, em primeiro lugar, no impacto ambiental causado pela remoção das estruturas antigas para fazer nascer uma nova cidade, à medida que a tecnologia avança. No entanto, essa crítica não significa que todas as construções mereçam ser mantidas: a memória de uma cidade deve ser seletiva, e a preservação, inteligente. Nesse caso, a interferência no edifício frontal vale-se de um projeto anterior, feito em harmonia com o vale e respeitoso a sua topografia. Trata-se de uma arquitetura que não subordina a geografia, mas sim tira partido dela.

1
TOLEDO, Benedito Lima de. *São Paulo, três cidades em um século*, p. 77.

Construção das arquibancadas do Estádio do Pacaembu, fotos sem data

Mais de setenta anos depois, a proposta para o Museu do Futebol levou em conta todos esses fatores. As características do edifício existente, como sua geometria e sua relação com o entorno, permeiam o programa, o partido, as principais intervenções, enfim, toda a arquitetura pensada não só para requalificar e restaurar o estádio, mas para reverberar no espaço público e fazê-lo durar, no mínimo, outros setenta anos. Afinal, projetar nada mais é do que lançar um olhar para o futuro.

As premissas

Todo projeto de arquitetura começa com a definição do programa de necessidades. Se for uma casa, o arquiteto quer saber, antes de tudo, quantas pessoas vão morar ali, o que elas gostam de fazer, se recebem hóspedes frequentemente, se alguém da família tem uma necessidade especial. Enfim, como será, de fato, o uso do espaço disponível. O bom arquiteto deve investir tempo nessa fase, perguntar, investigar e, principalmente, observar. Porque, normalmente, o que as pessoas esperam de uma casa está muito além do que conseguem verbalizar. Essas informações básicas, por vezes escondidas, balizam a criação e apontam uma direção para o trabalho.

E no caso de um museu? Não existe um passo a passo, assim como não há uma cartilha para projetar uma casa. Certamente um local de visitação pública envolve outras instâncias, como acessibilidade, rotas de fuga, circulação, e todas elas possuem normas. Mas a pergunta inicial permanece a mesma: como será o uso desse espaço? Quando o museu e seu acervo nascem juntos, como aconteceu com o Museu do Futebol, esse ponto está intimamente relacionado com a museografia e a curadoria. Afinal, o tipo de exposição que se pretende montar influencia diretamente o desenho do espaço para abrigá-la. Numa mostra multimídia, por exemplo, a área destinada à reserva técnica não precisa ser extensa, e o arquiteto considera isso ao planejar a distribuição e o tamanho das salas expositivas.

Croqui da implantação do estádio no terreno

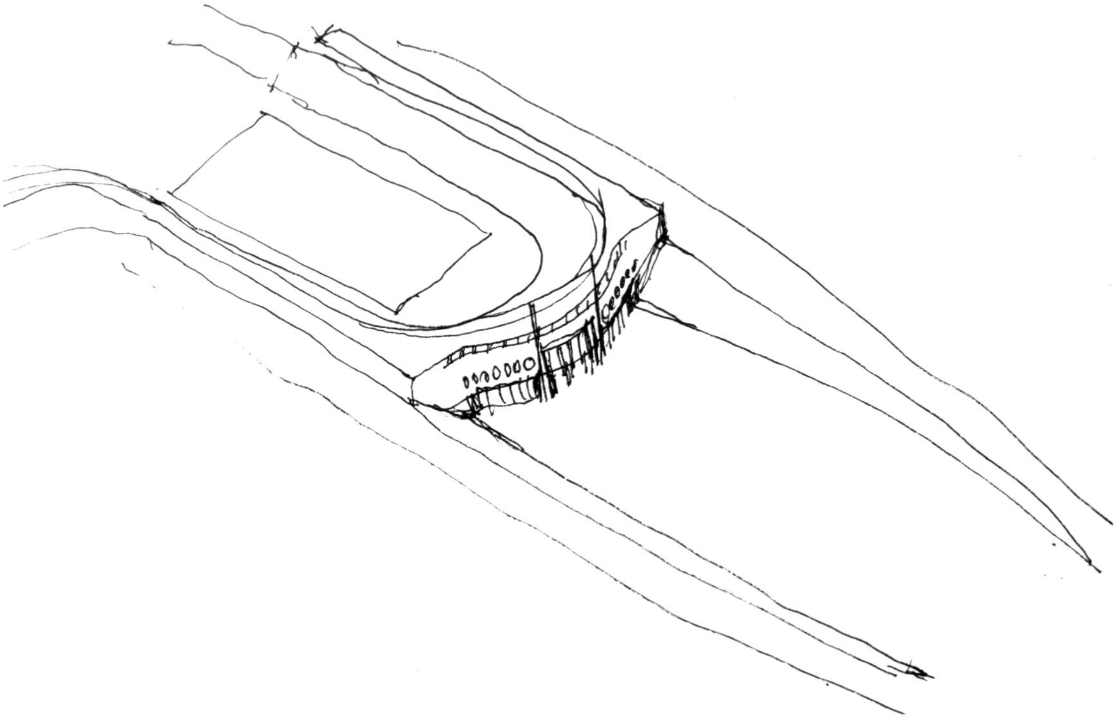

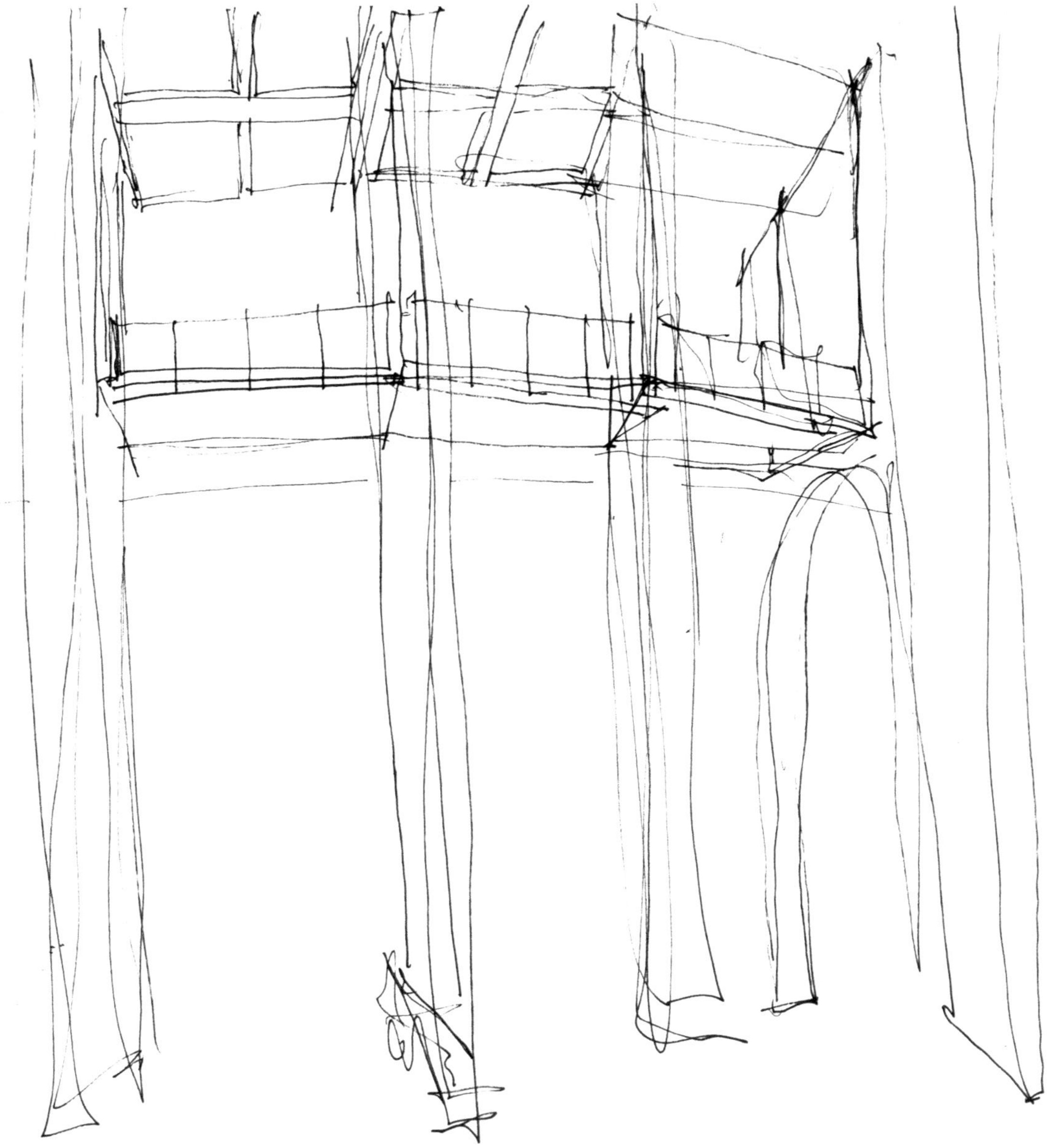

Croqui da passarela do Museu no interior do pórtico da fachada principal

No Museu do Futebol, uma iniciativa para a qual não havia tantas referências, o programa de necessidades amadureceu enquanto o projeto de arquitetura já caminhava. No começo do processo, muitos aspectos ainda aguardavam definição. À medida que se resolviam essas questões, o projeto as incorporava.

Qual foi, então, o ponto de partida? A história e o valor do Estádio do Pacaembu, edifício tombado com o qual os frequentadores estabeleceram uma relação afetiva, foram, neste caso, os parâmetros não verbalizados que nortearam a criação. Por exemplo, se o local escolhido para abrigar o acervo pedia a implantação de uma nova circulação, compatível com a de um museu, a premissa dessa operação estava clara para toda a equipe envolvida no projeto de arquitetura: qualquer alteração naquele edifício dos anos 1940 deveria respeitar o passado e vislumbrar um longo horizonte de prazo no futuro, com o objetivo de criar uma estrutura e um espaço que, ao ir além de todas as especificidades exigidas pelo Museu, pudessem revitalizar o prédio e fazê-lo durar por décadas.

Croqui da passarela que une as duas alas do Museu

Além dessa premissa, trabalhou-se desde o início com a intenção de colocar o visitante em contato com o interior do estádio, reforçando a ideia de que a própria construção é parte integrante da exposição. Isso se desdobra em várias soluções. Algumas bastante explícitas, como a possibilidade de acessar, em determinados pontos do percurso, a arquibancada e o campo – um altar normalmente fechado ao público. Outras, detalhadas no decorrer deste capítulo, estabelecem essa interação de maneira mais sutil, por meio de recursos que facilitam a compreensão da escala do estádio. Talvez as melhores traduções dessa ideia sejam a passarela, que aproxima as pessoas do bem trabalhado teto original do Pórtico

Monumental, com seus requadros de 2,50 x 2,50 metros, e a retirada de lajes, de alvenarias e de revestimentos que escondiam a impressionante estrutura da arquibancada, agora visível quase por inteiro.

A força de ambas as premissas ficou clara já nas primeiras decisões de projeto; porque acomodar o Museu na porção frontal do estádio envolvia, antes de tudo, a retirada de todas as alvenarias internas, questão que resvala no tombamento da construção. Mas, sem essa atitude, simplesmente não haveria espaço físico para as áreas expositivas. Do ponto de vista da preservação do patrimônio histórico, considerou-se que as paredes removidas não guardavam o testemunho de uma técnica única, singular, que seria extinta com a demolição. Em outras palavras: se, no futuro, for preciso refazer alguma dessas divisórias, a técnica continua disponível, e uma documentação fotográfica antes da obra registrou tudo para que não se perdessem as referências. Optou-se por eleger o que há de mais singular no estádio – a estrutura de concreto dos anos 1930 – para preservar e mostrar, fazendo da arquitetura e do sistema construtivo original parte fundamental da experiência museográfica, reiterando mais uma vez a ideia de que o Museu do Futebol ocupa um estádio com grande valor histórico.

Interior da estrutura das arquibancadas do estádio após conversão em museu, foto de 2008

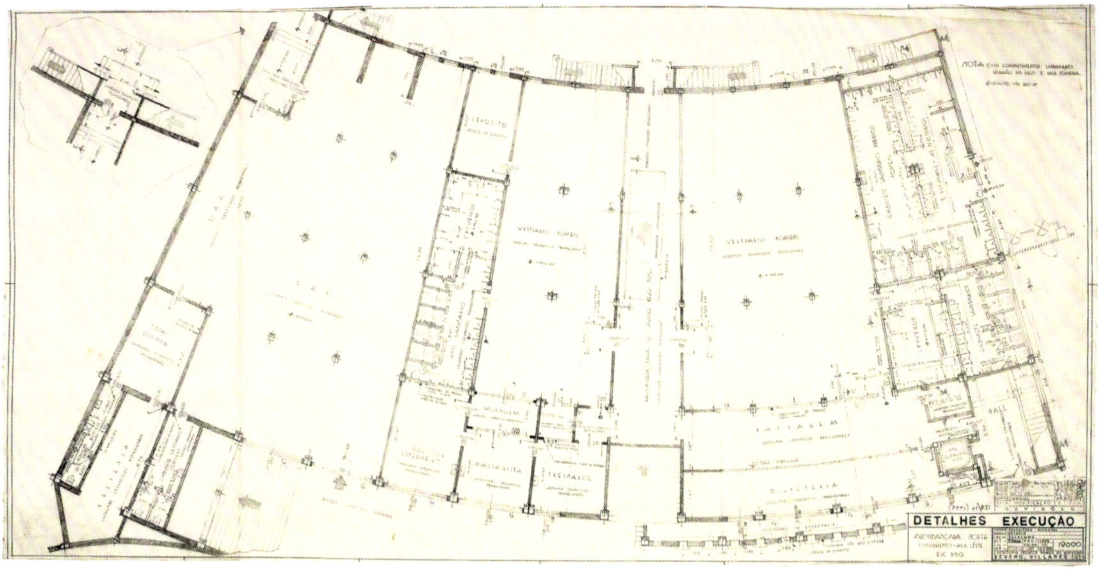

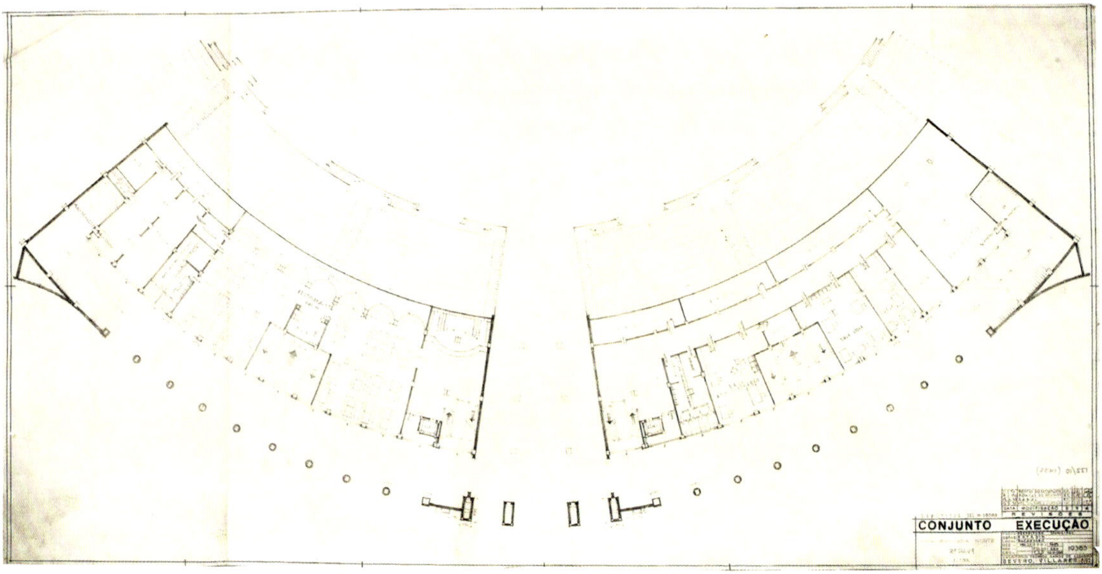

Projeto definitivo do Estádio do Pacaembu, plantas do primeiro (ala leste) e segundo pavimentos (atuais térreo e primeiro pavimentos) da edificação principal do Estádio Municipal, Escritório Severo & Villares, desenhos de 1939

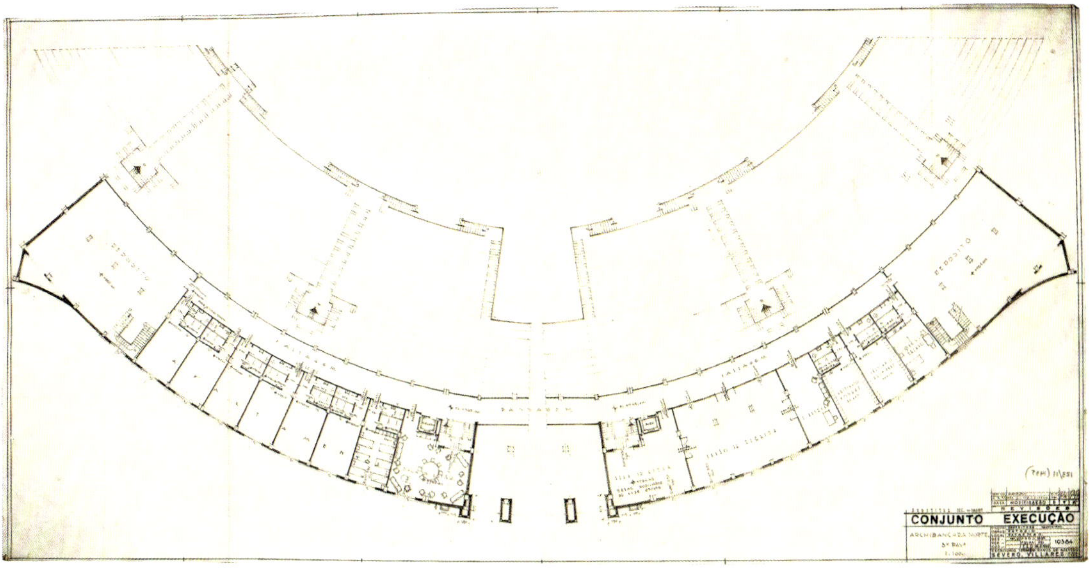

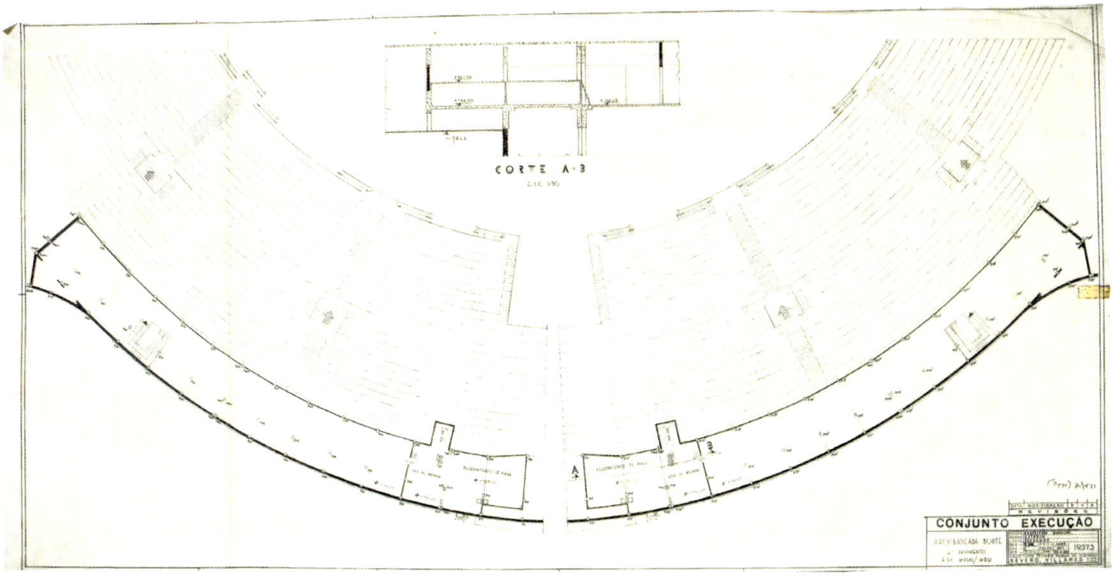

Projeto definitivo do
Estádio do Pacaembu,
plantas do terceiro e
quarto pavimentos (atuais
segundo e terceiro)
da edificação principal
do Estádio Municipal,
Escritório Severo & Villares,
desenhos de 1939

Planta do pavimento térreo
do Museu do Futebol

1 marquise da entrada principal do Estádio
2 acesso ao Estádio
3 foyer Paulo Machado de Carvalho
4 bilheterias do Museu
5 acesso ao Museu
6 *Grande Área*, hall de entrada do Museu
7 *Sala Osmar Santos* – exposições temporárias
8 foyer do auditório
9 auditório
10 áreas técnicas
11 hall de saída do Museu
12 sanitários
13 loja do Museu
14 foyer do bar *O Torcedor*
15 bar *O Torcedor*
16 bilheterias do Estádio
17 acessos à arquibancada
18 vestiários do Estádio
19 áreas relacionadas ao Estádio

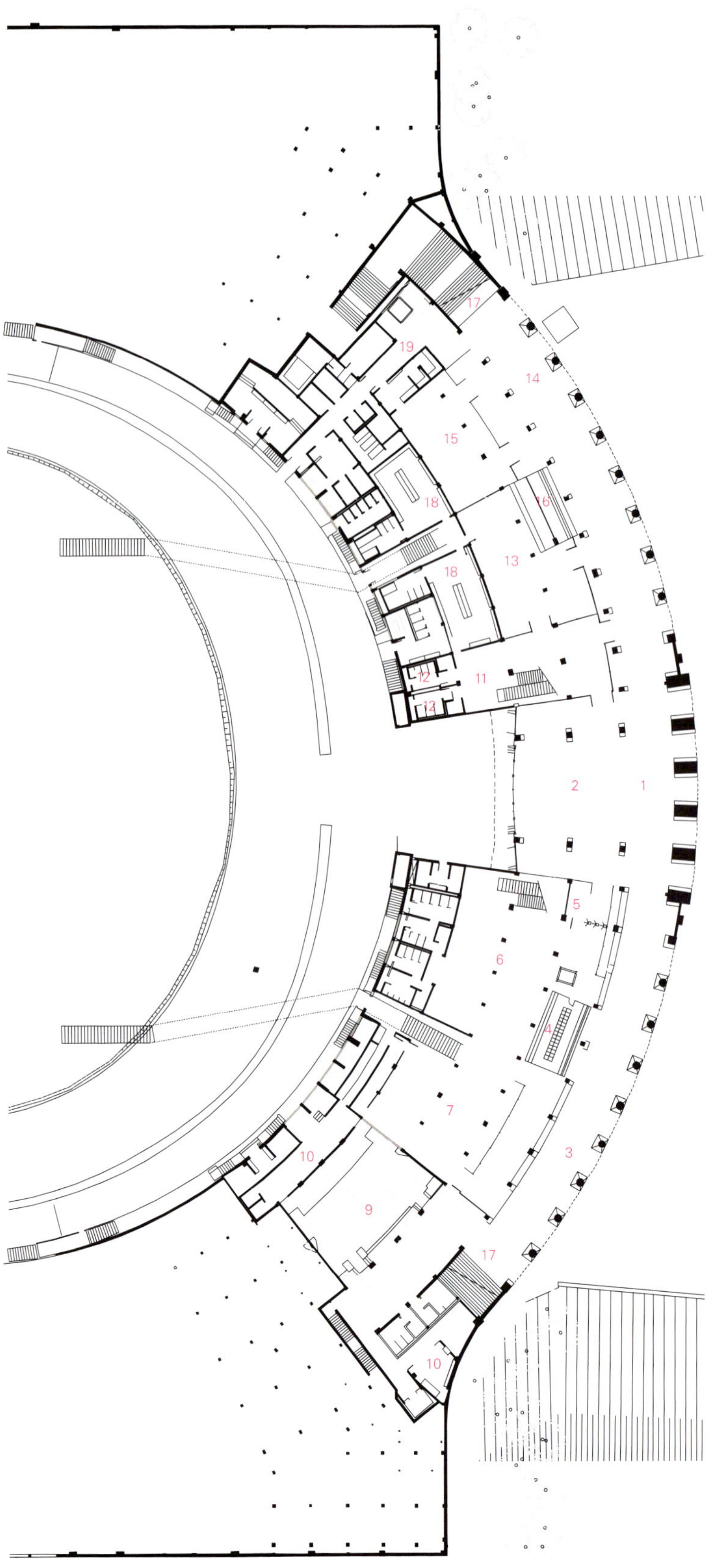

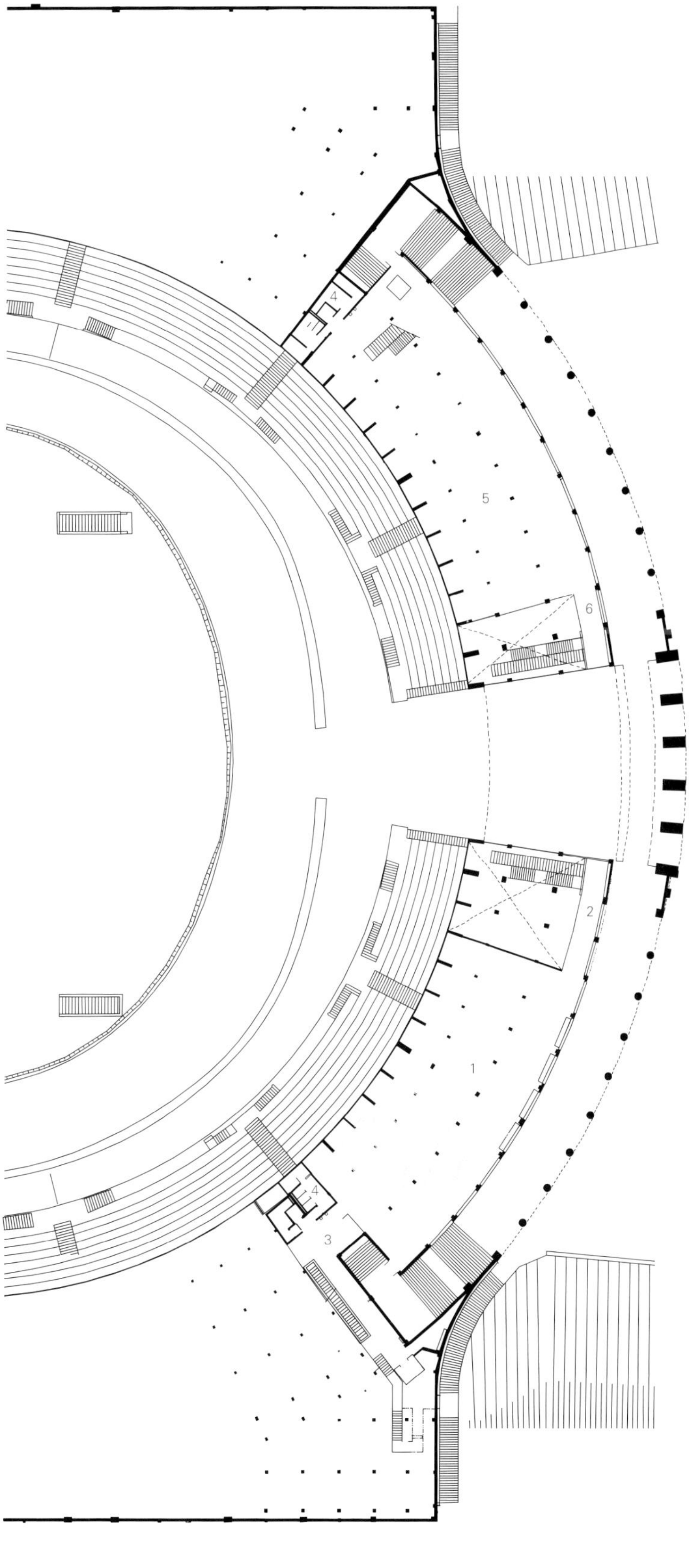

Planta do primeiro pavimento do Museu do Futebol

1 espaço expositivo *(Salas Pé na Bola, Anjos Barrocos, Rádios, Gols)*
2 passarela interna *(Sala Boas Vindas do Pelé)*
3 acesso à *Sala da Exaltação*
4 sanitários
5 espaço expositivo *(Salas Cinema 3D, Jogo de Corpo, Chute a Gol, Os Principais Clubes do Futebol Brasileiro)*
6 passarela interna *(Sala Homenagem ao Pacaembu)*

Planta do segundo pavimento do Museu do Futebol

1 *Sala da Exaltação*
2 espaço expositivo *(Salas Origens, Heróis, Rito de Passagem, Copas)*
3 saída de emergência
4 *Salas Pelé e Garrincha*
5 passarela externa
6 espaço expositivo *(Salas Números e Curiosidades, Dança do Futebol)*
7 visita à arquibancada
8 sanitários
9 áreas técnicas

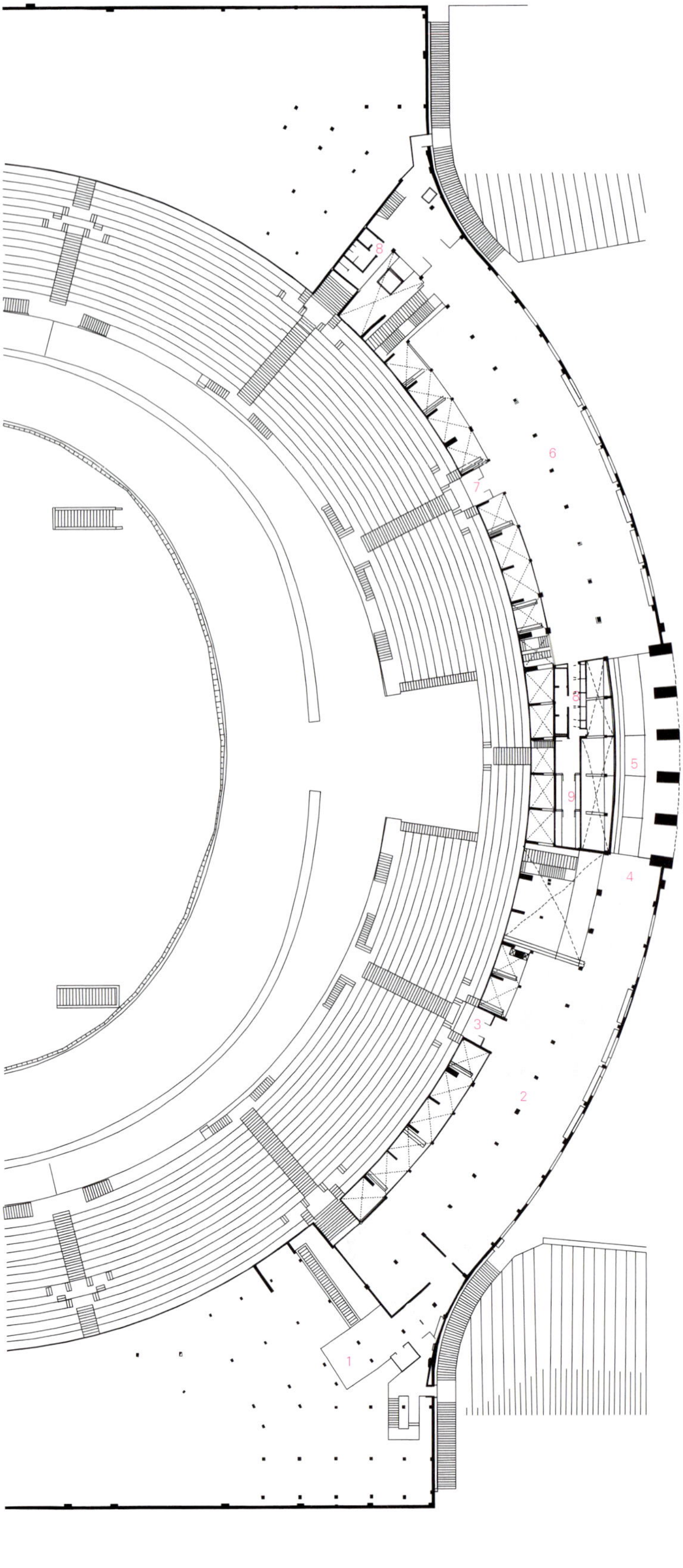

Planta do terceiro pavimento do Museu do Futebol

1 administração
2 pesquisa
3 sanitários

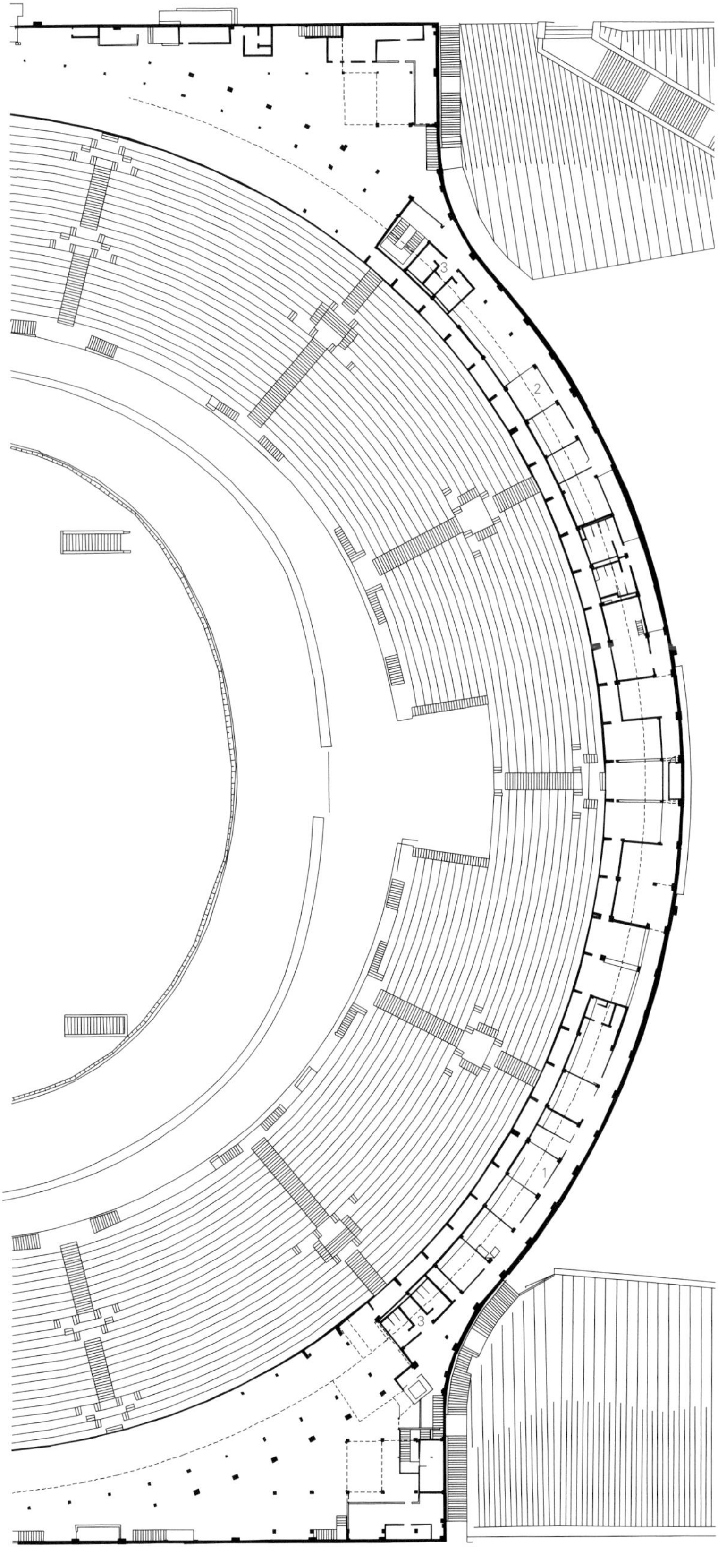

Por isso, a estrutura de concreto pontua o ritmo e a linguagem do projeto.

O avesso da arquibancada está visível quase o tempo todo. Não há forros nem fechamentos desnecessários. Todas as instalações novas, como os aparelhos de ar condicionado e os dutos de ventilação, empregam aço galvanizado e estão descoladas da estrutura original. As placas acústicas, por exemplo, encontram-se a 15 centímetros da laje, o que permite uma leitura clara da estrutura, apesar da existência desses novos (e necessários) elementos. Além de expor o concreto, as instalações aparentes têm outras funções: facilitar a manutenção dos equipamentos, obter flexibilidade para atender novas soluções museográficas e conseguir economia na obra.

Acesso ao primeiro pavimento, foto de 2008

Com a demolição das alvenarias internas, surgiram alas longilíneas e cheias de pilares. Como tirar o melhor proveito delas sem torná-las acanhadas, desconfortáveis de percorrer, nem encará-las como uma limitação? O percurso linear, com galerias sucessivas, é uma solução clássica, eficiente e consagrada, observada em museus como o Altes Museum, em Berlim, projeto de Karl Friedrich Schinkel concluído em 1830. O visitante sente-se guiado e não precisa preocupar-se com mapas durante sua permanência. A fim de possibilitar esse tipo de trajeto no Museu do Futebol, fez-se necessária uma interferência no Pórtico Monumental para ligar as alas leste

Sala das Copas, no primeiro pavimento, foto de 2008

e oeste do segundo pavimento: a instalação de uma passarela suspensa. Uma mudança radical na circulação do prédio, que transforma sua clara geometria em aliada, ao evitar que os visitantes deem voltas e passem repetidas vezes pelos mesmos locais enquanto percorrem a exposição. Adiante, essa marcante intervenção será tratada especificamente.

A nova circulação no edifício, por sua vez, propõe outro nível de interação entre ele e a praça. Habitado anteriormente pelo público de forma plena somente em dia de jogo, o estádio ficava ocioso 95% do tempo, ainda que houvesse algum movimento local gerado pela administração e pelos alojamentos. Antes e depois das partidas, o fluxo das pessoas é momentâneo, transversal ao edifício – da praça diretamente em direção à arquibancada e vice-versa –, e busca o máximo de eficiência para que os torcedores entrem e saiam rapidamente. O Museu compreende cinco portões do estádio que antes só serviam a esse vaivém otimizado. Talvez por essa razão, esse prédio não tenha conseguido cultivar uma relação mais viva com a praça vizinha. Agora, a presença de um equipamento cultural nessa passagem sugere um fluxo longitudinal e duradouro, e incentiva a permanência nos dias em que não há jogo. Num primeiro momento, as duas formas de uso do estádio não serão concomitantes: quando houver partidas, o Museu não funcionará. Mas há estádios no mundo em que essas atividades convivem; talvez, no futuro, o Pacaembu também possa seguir esse exemplo.

Saguão principal e primeiro pavimento, foto de 2008

Na página seguinte
Praça Charles Miller vista da rua Desembargador Paulo Passaláqua, com edifícios do bairro de Higienópolis ao fundo, foto de 2012

As principais intervenções

Um novo uso para o térreo

Quem chega para conhecer o Museu logo nota, antes mesmo de entrar, uma grande diferença entre o edifício atual e o anterior: o térreo, ao contrário de antes, é cheio de movimento. Além da entrada e da saída do Museu, ali estão um auditório, uma loja com livraria e um bar – serviços capazes de revitalizar o entorno e de dar sentido à galeria que se insinuava no projeto original, mas não alcançava seu limite, não se integrava totalmente ao exterior, nem contribuía para transformar o espaço público ao lado, a praça Charles Miller.

Vizinha ao estádio, a Charles Miller é bastante singular. Apesar da ausência de vitalidade no estádio nos dias sem jogo, ela resistiu geograficamente e manteve-se imune às sucessivas ampliações do sistema viário, diferentemente do que ocorreu em lugares como a praça Portugal, a praça Roosevelt, o parque D. Pedro, o Vale do Anhangabaú. Isso se deve a sua implantação, fruto de um desenho urbano sensível à topografia: as ruas ao redor estão 15 metros acima do

Abaixo
Loja de produtos esportivos do Museu do Futebol em área anteriormente ocupada pelas bilheterias, foto de 2008

Na página ao lado
Bilheterias na fachada principal do Estádio Municipal, foto sem data

Café do Museu do Futebol em área anteriormente ocupada pelas bilheterias, foto de 2008

nível da praça, e o declive, muito acentuado, desencorajou a abertura de vias que cruzassem o vale. Além disso, o traçado sinuoso do bairro impede fluxos transversais à praça. Ou seja, o lugar preservou-se, durante todos esses anos, do tráfego de passagem. Criaram-se duas condições necessárias para a existência de uma praça: a ausência de carros e de barulho. Mas faltava, ainda, povoá-la. Como fazer isso? O fato de as pessoas frequentarem ou não uma praça depende totalmente do que acontece nos edifícios ao redor dela e, nesse caso, o único edifício é o próprio Estádio do Pacaembu.

Assim, com a demolição da longa parede de alvenaria das antigas bilheterias, localizada imediatamente atrás da linha de pilares da fachada, foi possível recriar a galeria e conectar os espaços internos do Museu à praça. Essa parede fazia parte da fachada tombada pelo patrimônio histórico, o que exigiu uma argumentação consistente para provar o propósito de, com a sua retirada, qualificar o espaço público. Sensibilizados, os órgãos de patrimônio autorizaram a operação. Entenderam que o auditório, por exemplo, pode ter uma programação independente do Museu, e o trânsito constante de pessoas vai contribuir para a melhoria do espaço que o cerca. A falta de uma vitalidade proporcional ao tamanho da estrutura daquela fachada era justamente o que fazia com que ela fosse percebida quase como os fundos da praça, um local para estacionar caminhões em dia de feira. Uma vez que o público se aproprie desse ambiente por meio das atividades que acontecerão no térreo do Museu, a tendência é que esse uso desapareça e dê lugar a outros, mais interessantes.

Instalado no térreo, o auditório colabora para a diversificação de atividades na galeria porticada. O local, no entanto, era cortado por três pilares que impediam o pleno uso do espaço. Removê-los envolveu a instalação de três vigas protendidas (nas quais a armação metálica interna está tensionada, o que gera uma força extra de sustentação). Por uma questão de acessibilidade, a última fileira da plateia está no nível da rua – opção que também preserva integralmente o pé-direito de 4,60 metros. As demais fileiras ocupam uma área escavada, respeitando as curvas de visibilidade. Durante a escavação, apareceram duas sapatas da fundação do estádio, mantidas à mostra nas laterais do auditório.

Auditório Armando Nogueira no pavimento térreo, foto de 2008

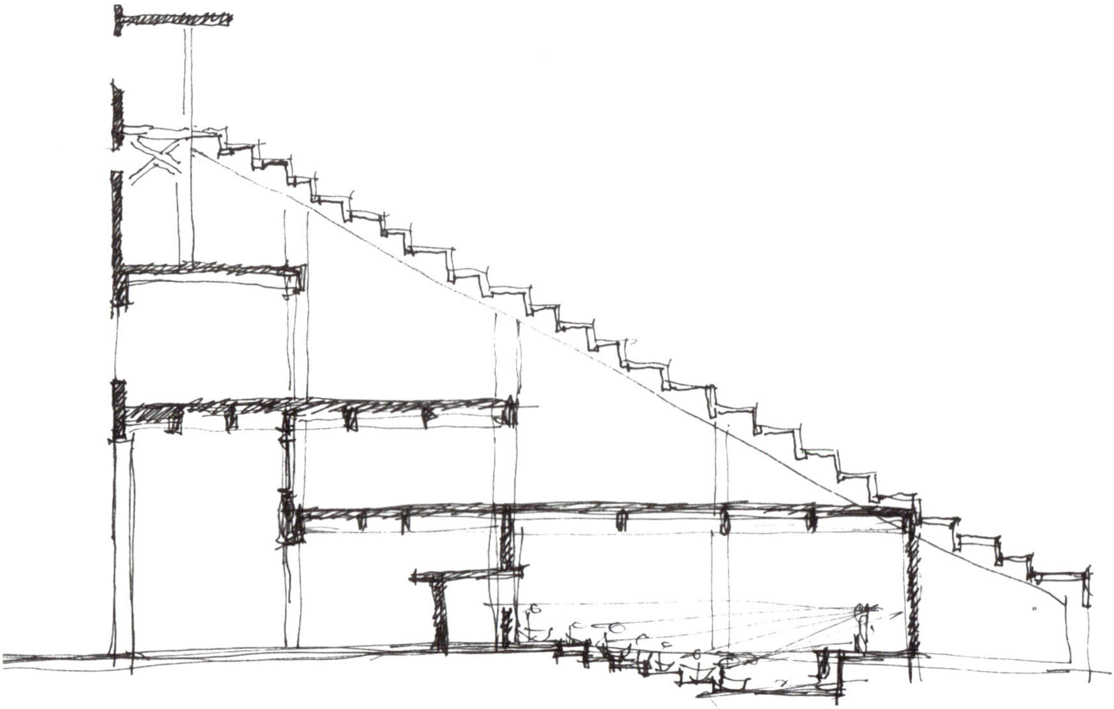

BILHETERIA DO ESTÁDIO
AmBev
MUSEU DO FUTEBOL
VISA
MUSEU DO FUTEBOL

De acordo com o programa do Museu, algumas funções deveriam agrupar-se no térreo, como as bilheterias, as áreas técnicas do auditório e o guarda-volumes. Esses usos, no entanto, pressupõem ambientes fechados, condição que o térreo não mais apresentava depois da remoção da parede de alvenaria. Propositadamente tornada transparente, essa área deveria continuar assim. Por isso, alocaram-se essas atividades em três contêineres que não obstruem a transparência adquirida, porque atingem apenas dois terços do pé-direito total de 4,60 metros. O vão restante é fechado com vidro até o teto. Para manter a coerência dos materiais, os contêineres seguem o sistema construtivo das passarelas: a mesma madeira, as mesmas dimensões, a mesma técnica. Os três contêineres possuem usos voltados para dentro e para fora do Museu. O primeiro, na parede externa do auditório, funciona externamente como um banco e internamente como cabine de som, luz e tradução simultânea. Em suas pontas, instalaram-se a recepção da administração e a do auditório. No segundo, as bilheterias do Museu voltam-se para fora, enquanto o guarda-volumes ocupa a metade de dentro. Já o terceiro abriga as bilheterias do estádio na face externa e o caixa da loja na interna.

Na página ao lado
Croqui do corte da arquibancada e local de inserção do auditório

Bilheteria do estádio, foto de 2009

Abaixo
Guarda-volumes próximo à entrada do Museu, foto de 2008

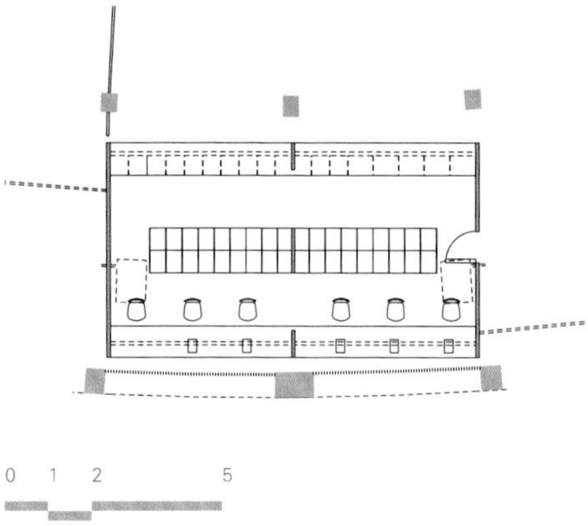
0 1 2 5

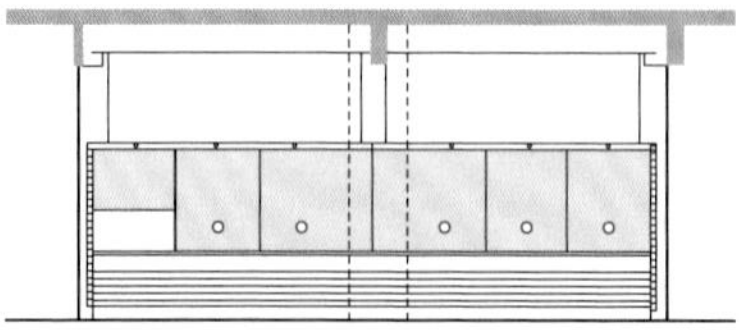

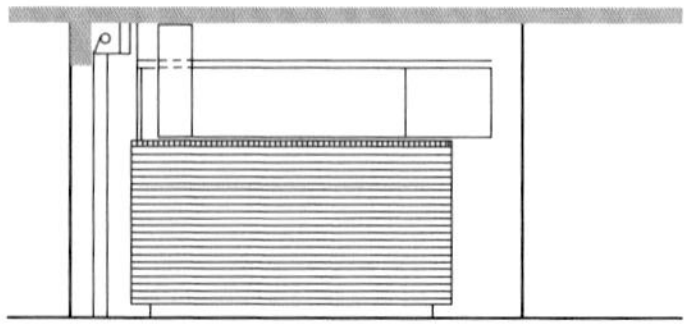

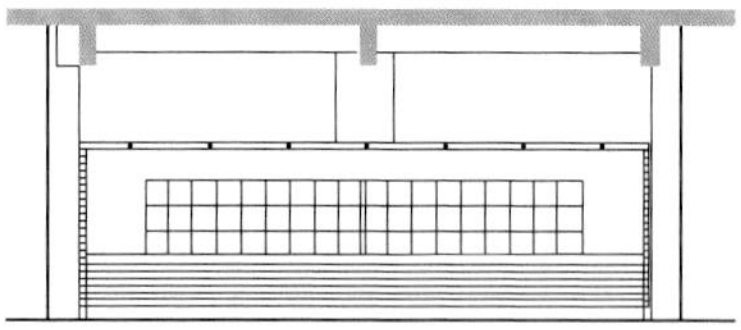

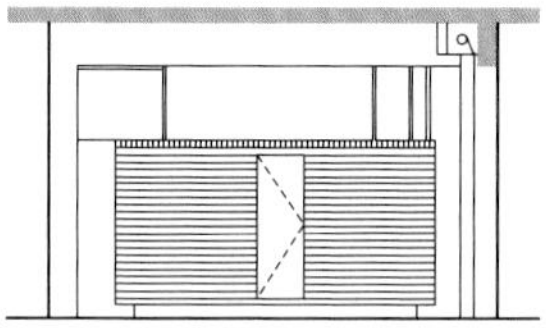

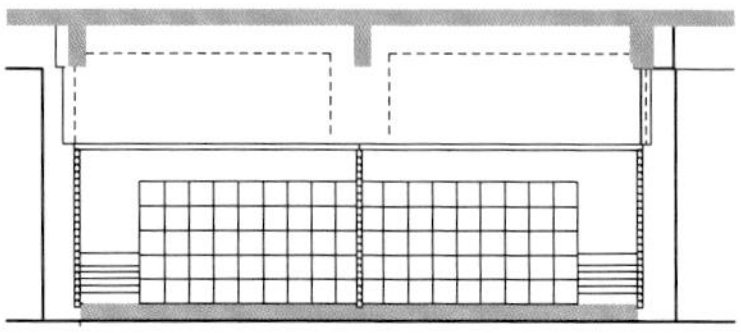

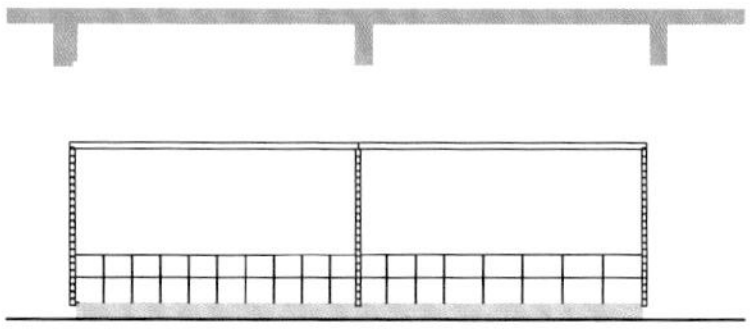

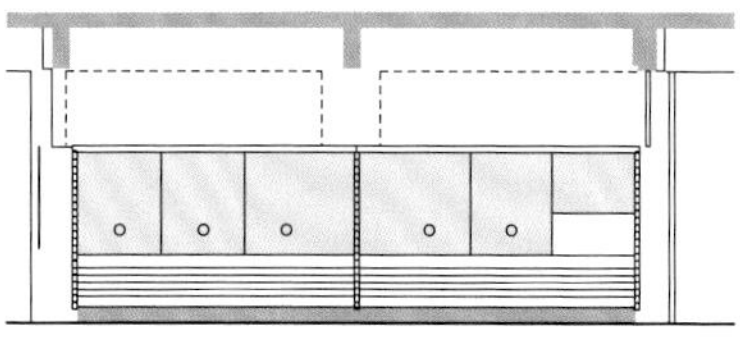

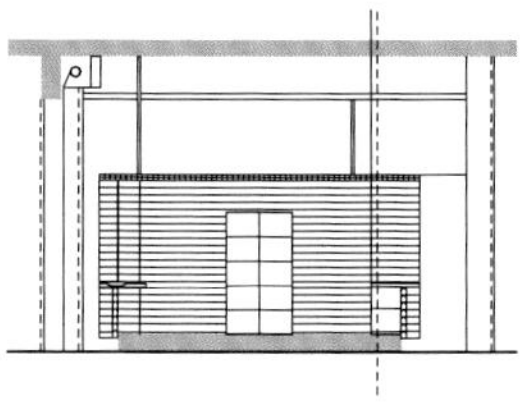

Na página ao lado
Planta, elevações e cortes do guarda-volumes do Museu

Abaixo
Planta, elevações e cortes da bilheteria do Museu

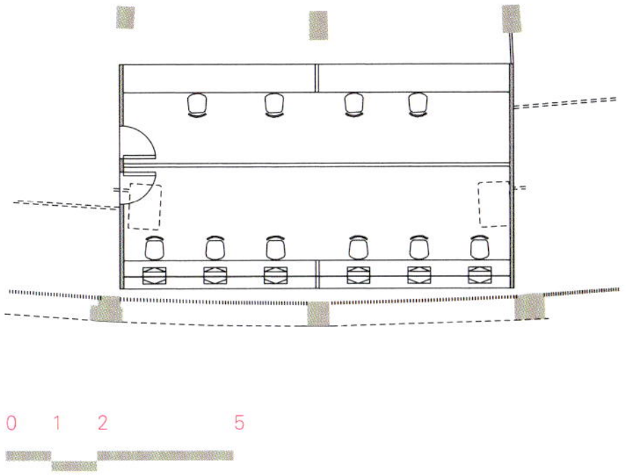

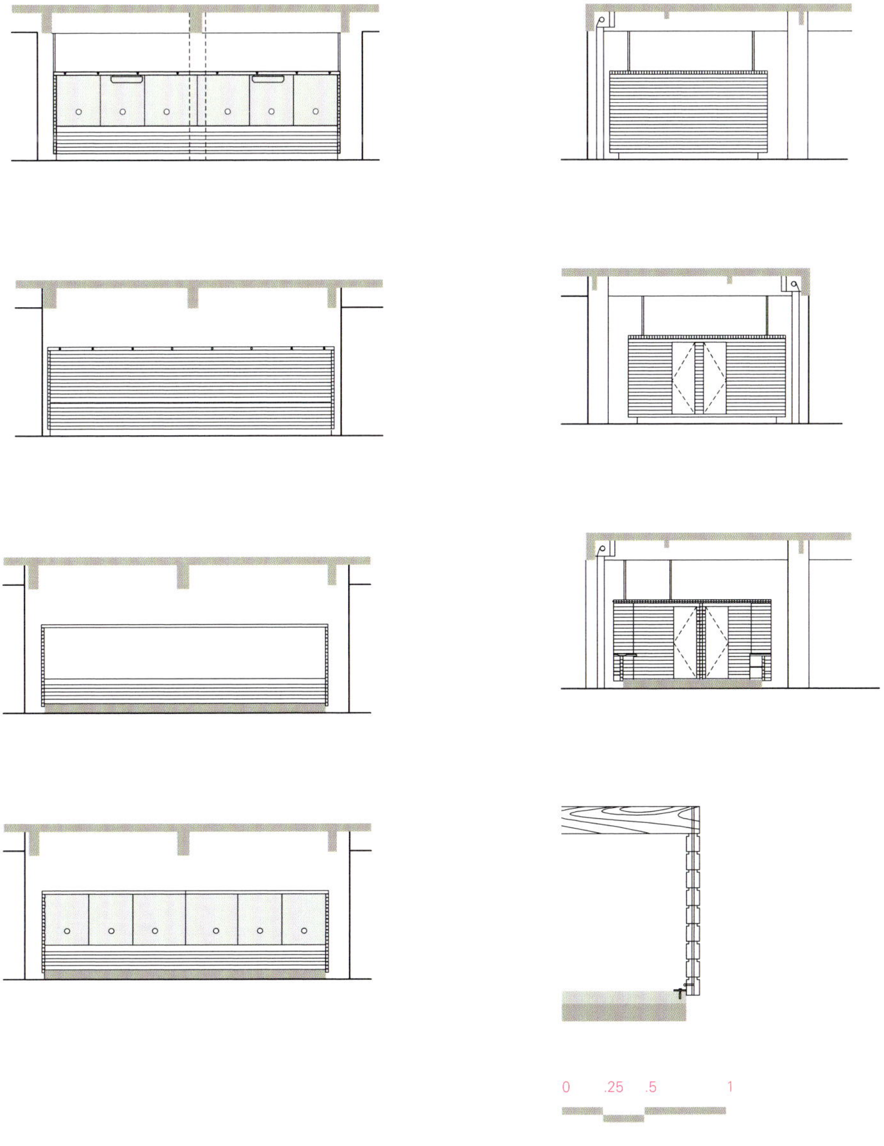

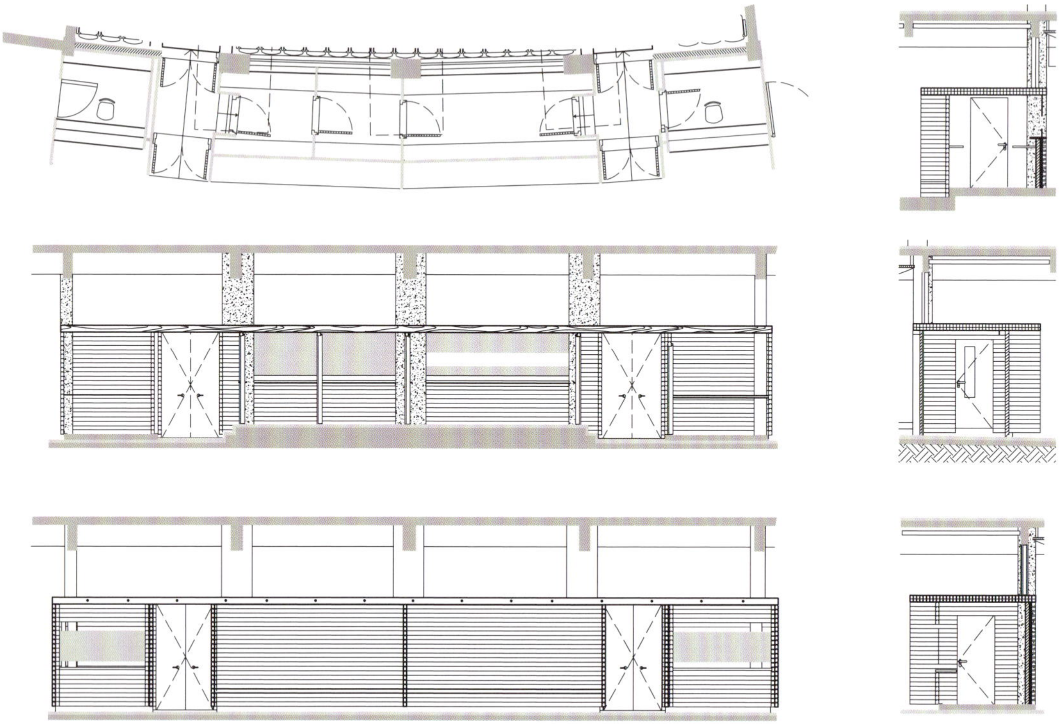

0 1 2 5

A estrutura revelada

A estrutura do edifício frontal, uma das primeiras a empregar o concreto armado em São Paulo, possui uma geometria definida por eixos radiais traçados a partir da marca do pênalti, que conformam cinco módulos centrais no Pórtico Monumental e treze módulos em cada ala lateral.

Na página ao lado
Cabine de som, luz e tradução simultânea, foto de 2009

Planta, elevações e cortes das cabines no piso térreo do Museu

Acima
Estrutura interna da arquibancada revelada durante a reforma para a instalação do Museu, foto de 2007

Para expor essa imponente estrutura no hall de entrada, demoliram-se vigas e lajes de três desses módulos. Com a retirada desses elementos, pilares que antes mediam pouco mais de 4 metros de altura em cada um dos três pavimentos deram origem a colunas únicas de até 18 metros. Ainda que a supressão das duas lajes tenha aliviado a carga sobre esses pilares, foi preciso reforçá-los para evitar um efeito conhecido como flambagem (arqueamento que pode levar ao rompimento da estrutura). O tipo de reforço realizado, chamado envelopamento, consiste na colocação e concretagem de uma nova armação metálica ao redor do pilar existente, o que aumenta suas dimensões. Uma solução correta e funcional, mas que novamente esconde elementos da estrutura original. Mais coerente teria sido adotar a sugestão inicial do projeto de arquitetura, que previa manter as dimensões dos pilares e as marcas deixadas pela remoção das vigas e das lajes, e reforçá-los por meio de tirantes de aço presos no piso e no teto.

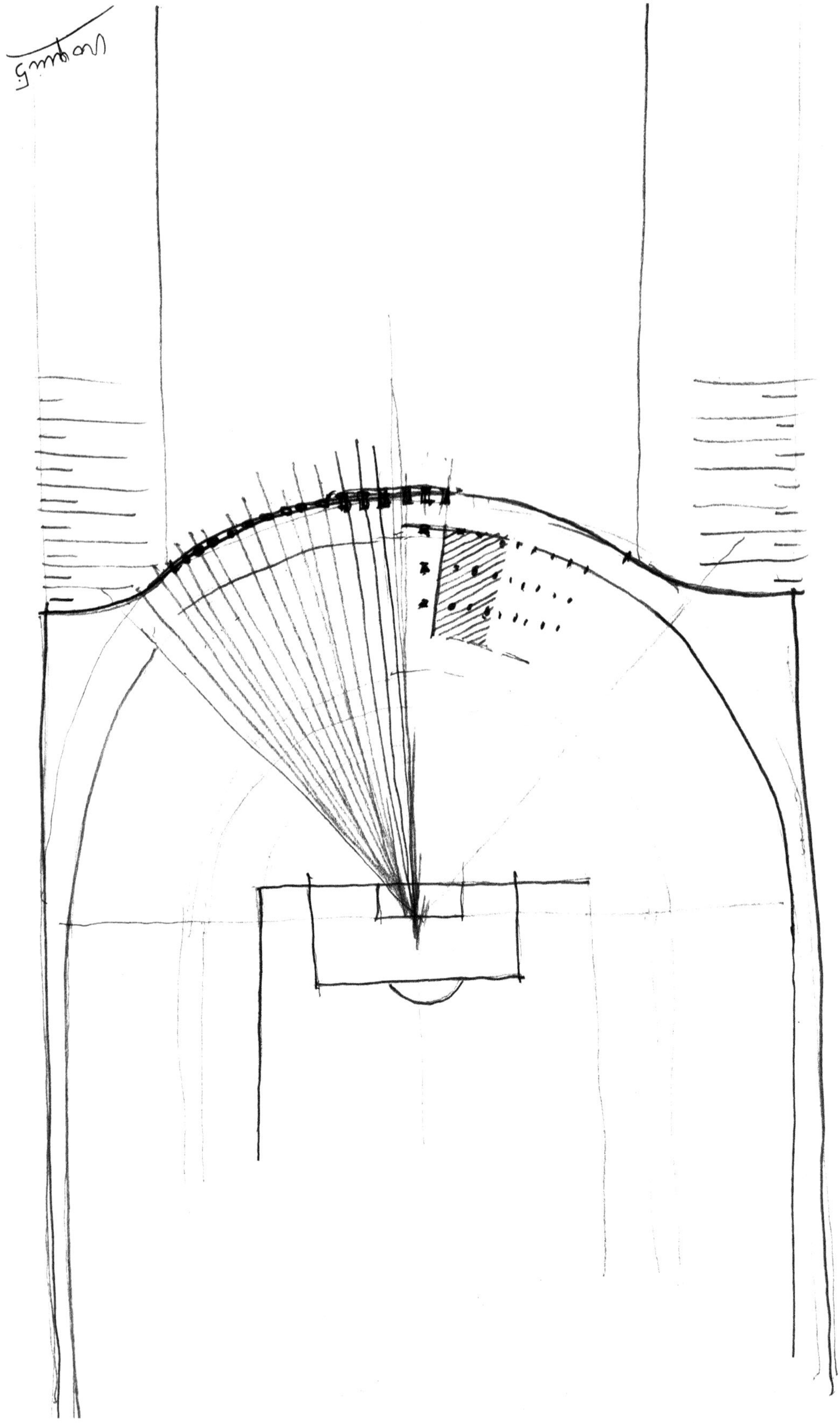

De qualquer forma, ao deixar o térreo e subir pela escada rolante que conduz ao início da exposição no primeiro pavimento, o visitante depara-se com toda a força estrutural do estádio: os pilares, os três andares e o lado avesso da arquibancada revelam-se num pé-direito triplo que alcança 18 metros.

Na página ao lado
Croqui resgata ponto focal do pórtico do edifício principal

Acima
Saguão principal com vista para todos os pavimentos superiores, foto de 2008

O vazio do hall de entrada, combinado com o percurso linear e com o uso das escadas rolantes, oferece uma leitura perfeita da construção original e facilita a orientação no espaço, além de proporcionar a quem sobe o prazer de perceber as diferentes perspectivas a partir da observação de toda a estrutura. Essa contemplação ajuda cada um a construir seu próprio mapa do Museu, sem precisar apoiar-se na sinalização para desfrutar do espaço. Esse recurso é bem-vindo em qualquer tipo de edifício. Neste Museu, ligado ao futebol, ainda mais, porque permite o entendimento completo do local onde a exposição está inserida: um equipamento esportivo.

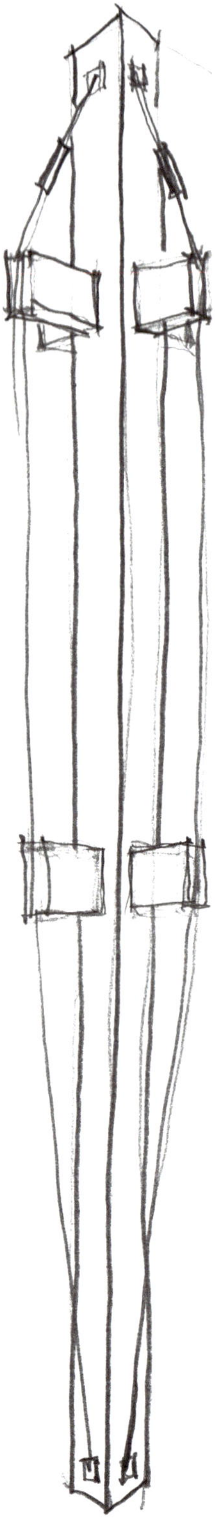

Croqui explicativo de instalação de cabos de aço de reforço dos pilares sem as vigas originais

Pilares com marcas das vigas subtraídas no saguão principal do Museu, foto de 2008

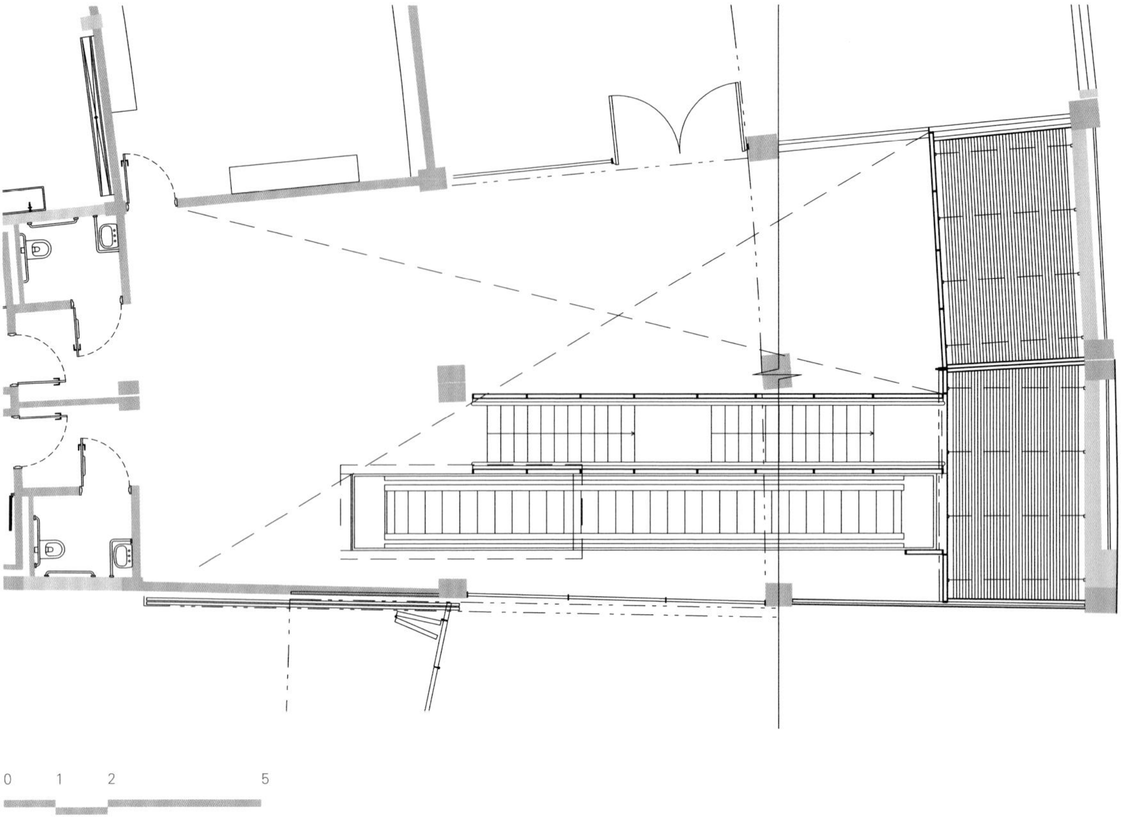

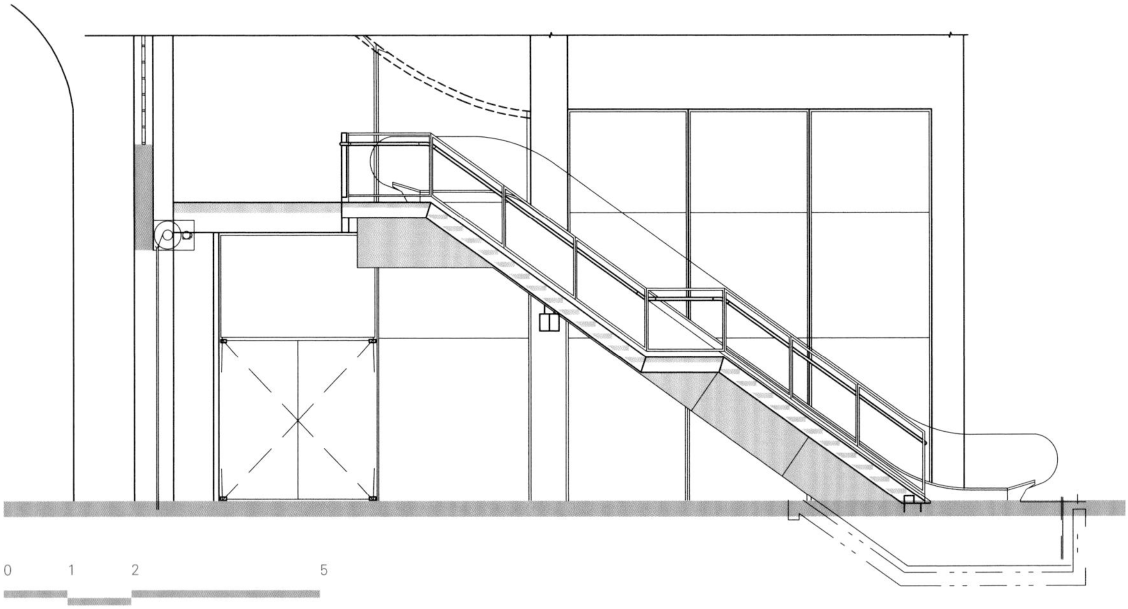

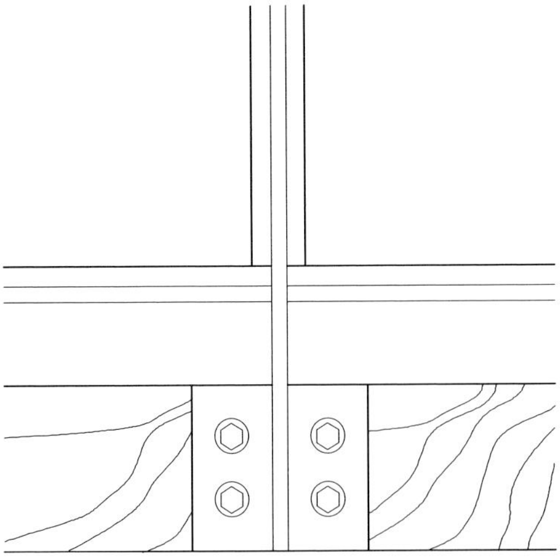

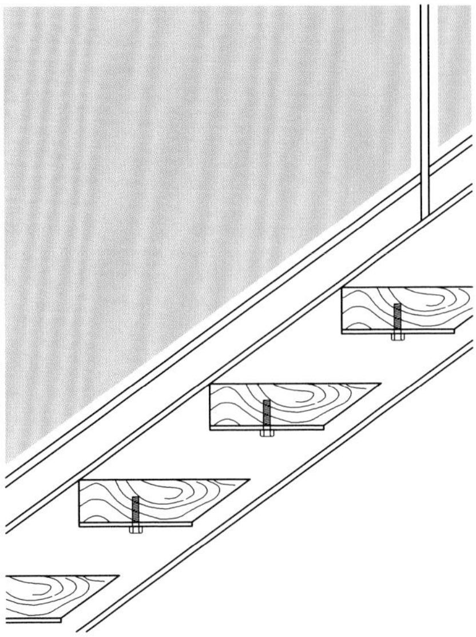

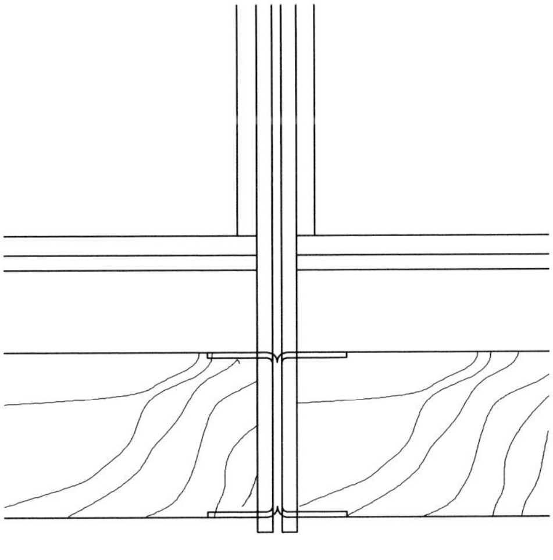

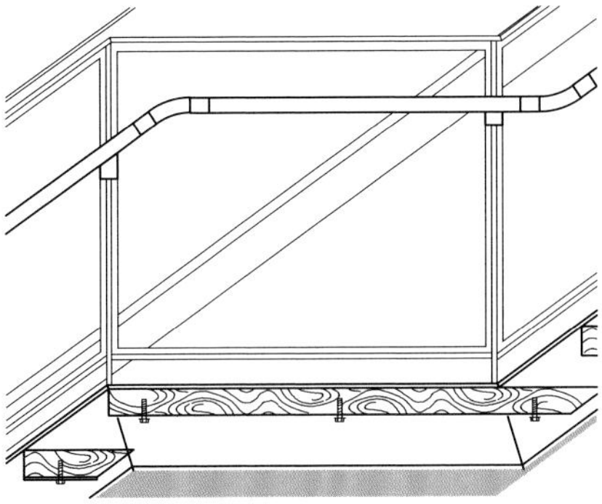

Planta, elevações, cortes e detalhes das escadas rolante e fixa que acessam o primeiro pavimento a partir do saguão principal

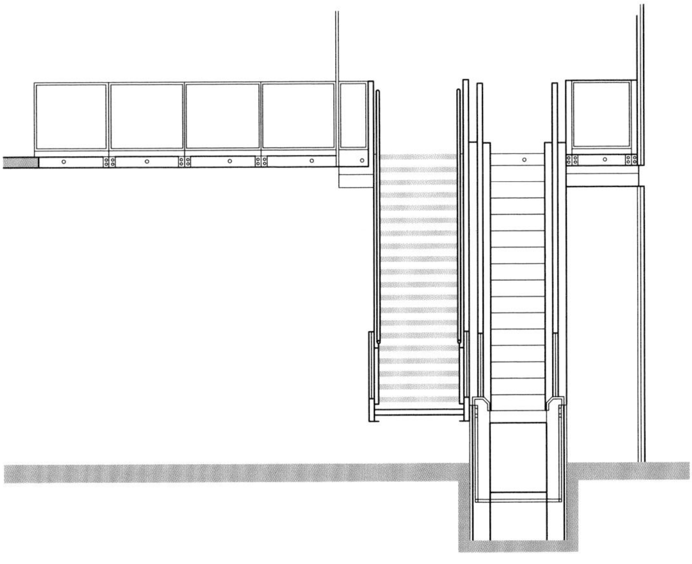

FOOTBALL

MUSEU

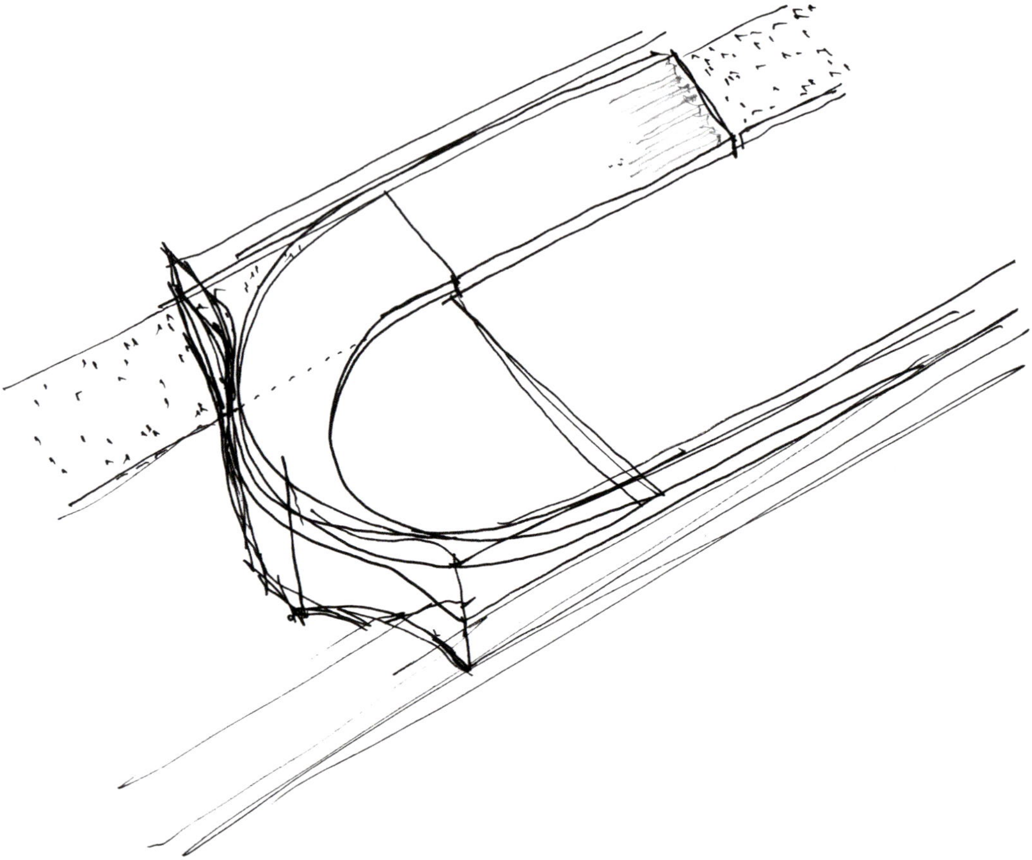

Na página anterior
Saguão principal visto do primeiro pavimento, com pilares reforçados por cabo de aço, foto de 2008

Na página ao lado
Montagem dos totens na *Sala das Copas,* foto de 2008

Croqui de implantação do estádio no terreno

Abaixo
Abertura circular original do segundo pavimento, com anteparo interno de chapa metálica expandida, foto de 2008

Há ainda outro reflexo dessa solução de projeto. A presença marcante da estrutura estabelece um diálogo permanente entre o futebol, evocado pelo estádio, e as representações do esporte contidas na mostra. Com um ritmo alternado, esse diálogo cria respiros ao longo do caminho, à medida que se atingem determinados pontos de observação. Se o estádio apresenta-se grandiosamente logo na entrada, em seguida o visitante será conduzido a alas mais escuras, introspectivas, onde mergulhará no conteúdo expositivo, para depois voltar ao saguão de entrada, dessa vez pelo alto, de onde adquire uma perspectiva inteiramente nova do mesmo espaço percorrido anteriormente no térreo.

Um nível acima, esse mesmo local convida ainda a olhar para fora: como um lembrete da existência do espaço externo, duas das grandes aberturas circulares da fachada emolduram a vista da praça.

O mesmo raciocínio vale para a segunda metade da exposição, na qual há um acesso à arquibancada. Dessa forma, a representação e a realidade do futebol convivem o tempo todo, o que só enriquece a experiência de conhecer o Museu.

Nas duas extremidades do estádio, nos pontos em que a arquibancada deixa de estar diretamente apoiada sobre o solo do talude e passa a ser sustentada por pilares e vigas sem ainda compreender o edifício frontal, existem duas câmaras simétricas, cada uma com 1.500 metros quadrados. Determinados de um lado pelo avesso da arquibancada, de outro pelos limites da construção e, embaixo, pela terra do talude, esses espaços são altamente expressivos: neles, a

estrutura do estádio está visível como em nenhum outro lugar. Por isso, mereciam ser revelados ao público. Na catacumba da ala oeste, pensou-se inicialmente em alocar o auditório e a passagem para o segundo bloco do Museu. Por questões orçamentárias, o auditório migrou para o térreo, contribuindo então para a diversificação de usos que se pretendia para a galeria porticada, como já mencionamos anteriormente. Essa alteração implicou mudar a posição da escada rolante que leva ao segundo pavimento da ala leste. Deslocada para a catacumba desta ponta, a escada rolante desencadeou, então, um processo para a transformação daquele desvão em mais uma sala expositiva. A primeira sugestão foi simplesmente deixá-lo preparado para essa finalidade. Enquanto estivesse ocioso, ficaria isolado por um grande painel de vidro, mas visível e realçado por um trabalho de iluminação que destacasse as vigas e pilares, verdadeiras entranhas do edifício.

Entrada principal do estádio, com cobertura de estuque curva, foto de 2008

No entanto, o conjunto de decisões no âmbito do projeto de arquitetura – que resultou na abertura total dessa câmara, com todo seu aspecto surreal e sombrio, ao público – criou as condições objetivas para que surgisse ali a *Sala da Exaltação*, uma instalação multimídia para a qual ainda não se havia encontrado o lugar ideal. A decisão para que esta sala visceral fosse deslocada para este espaço surpreendente foi tomada depois de uma intensa reflexão e diálogo entre a equipe de arquitetura e os responsáveis pela museografia, Daniela Thomas e Felipe Tassara, e contou também com a participação do curador, Leonel Kaz, e da equipe gestora da Fundação Roberto Marinho. Nessa sala, mantida vazia, a estrutura aparente dá suporte a telas que exibem projeções de torcidas, trabalho do videoartista Tadeu Jungle que celebra os torcedores. Esse espaço residual, que sempre esteve fechado, tornou-se um dos principais momentos do percurso, ao transportar o visitante para o meio de torcidas virtuais. Se uma das propostas do projeto é tirar partido da geografia local e da estrutura original do edifício, criando uma nova espacialidade adequada a um museu, aqui é o ponto onde esse objetivo está mais evidenciado. A emoção evocada pelos gritos de guerra do vídeo ganha uma dimensão sensorial ao misturar-se com o cheiro da terra exposta, um depoimento do terreno natural que enuncia a geografia do local antes mesmo do projeto de urbanização do bairro. O clima quente e úmido intensifica a percepção do espaço, único do Museu sem climatização (apenas as caixas que contêm os projetores estão ligadas a ramais do ar-condicionado).

O teto curvo de estuque, bastante cenográfico e inspirado na arquitetura expressionista, marca a entrada do estádio. Atrás dele esconde-se a complexa e impressionante estrutura que sustenta a arquibancada, com vigas de transição que suprimem seis pilares. Tudo isso poderia ficar exposto, revelando assim toda a continuidade do avesso da arquibancada. Mas esse caminho esbarrou em questões orçamentárias e, por esse motivo, não avançou. Além disso, a onda de estuque é um testemunho de época, e também por isso foi mantida.

Desenho da entrada principal do estádio, com ideia não realizada de retirada da cobertura de estuque

À esquerda
Entrada principal do estádio antes da reforma para abrigar o Museu, foto de 2005

Ao lado
Instalação multimídia no segundo pavimento do Museu, foto de 2008

Abaixo
Sala da Exaltação,
foto de 2008

A passarela no pórtico monumental

Para ligar as duas alas do segundo pavimento e, assim, implantar o percurso linear, havia duas alternativas projetuais. A primeira consistia em utilizar um corredor interno de circulação atrás do grande teto curvo de estuque que marca o Pórtico Monumental. A segunda, que é a solução escolhida, adota a ideia oposta: a de unir as metades do caminho por meio de uma passarela suspensa por tirantes que atravessa o Pórtico e aproxima, em vários sentidos, o visitante do estádio. Faz com que ele observe, por exemplo, detalhes como as cambotas originais de estuque no forro do hall de entrada (que escondem fortes elementos estruturais, como uma viga de transição e toda a estrutura que sustenta a arquibancada). Além da possibilidade de observar o detalhe, a passarela permite ao visitante vislumbrar o plano geral interno do Museu, e o externo, da praça. Deste ponto é possível contemplar os bairros próximos e, quando o céu está aberto, uma rara paisagem da cidade: a Serra da Cantareira. Assim, a passarela dialoga com o espaço em que está inserida.

Isso também passa pela escolha do material que a compõe. A madeira bruta revive a própria história do prédio: nos anos 1930, empregavam-se fôrmas de madeira que eram preenchidas com concreto e ferro e, em seguida, desmontadas. Usada antes de um jeito efêmero, a madeira agora ressurge

Cortes e detalhes técnicos da passarela do segundo pavimento

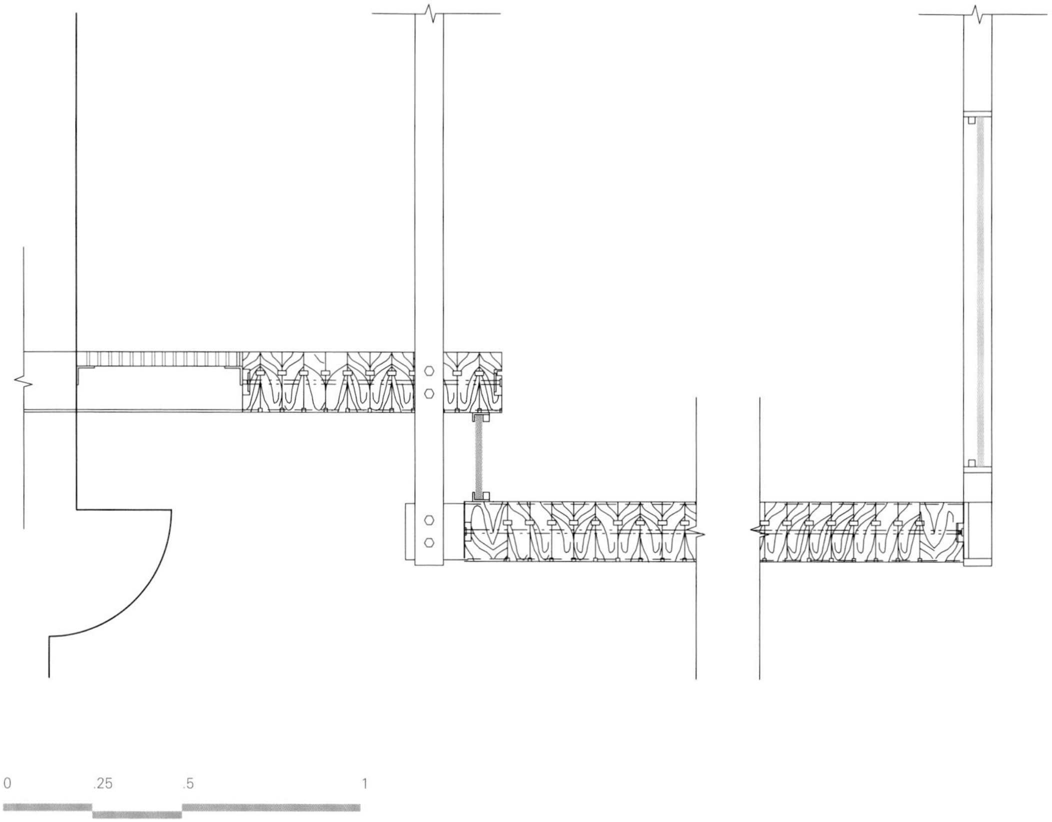

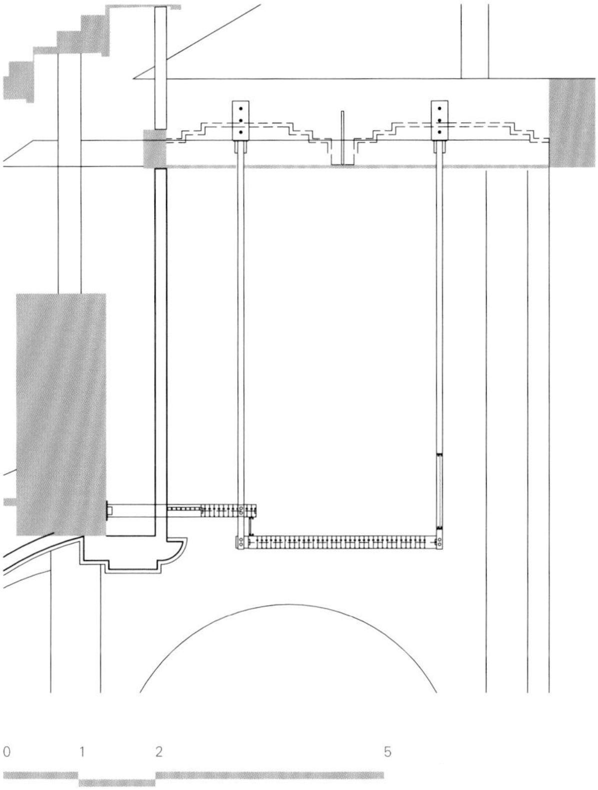
0
1
2
5

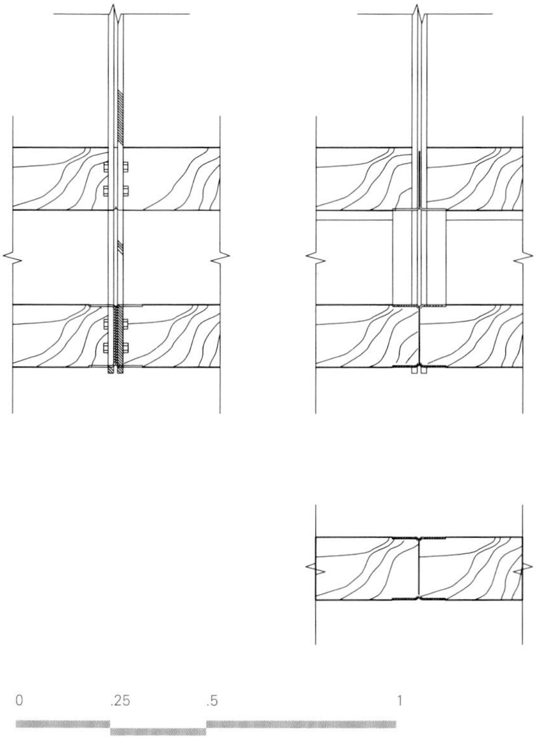
0
.25
.5
1

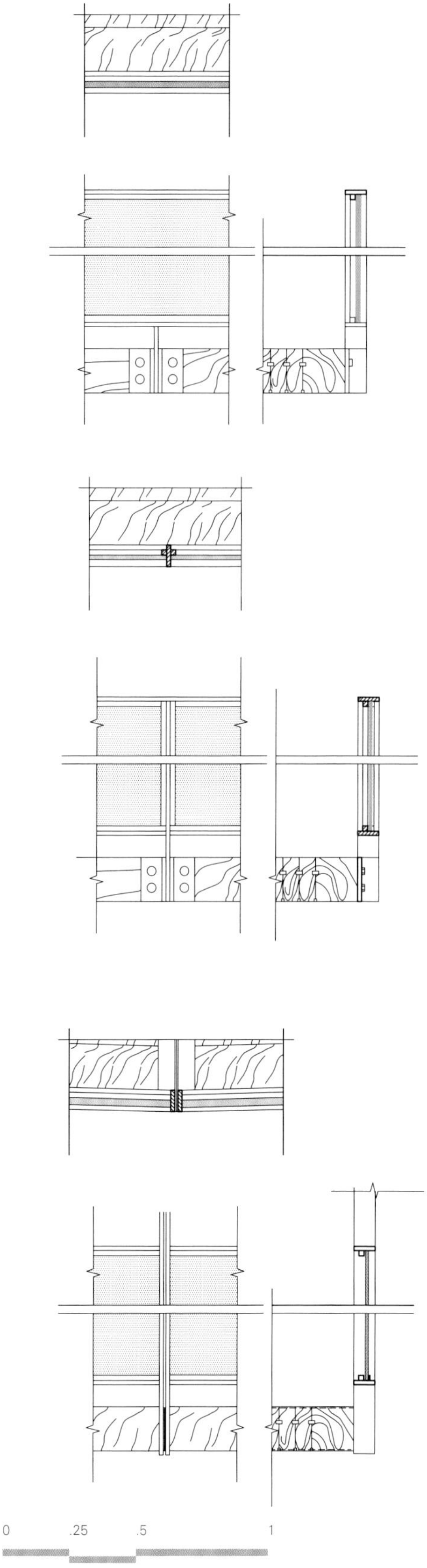
0
.25
.5
1

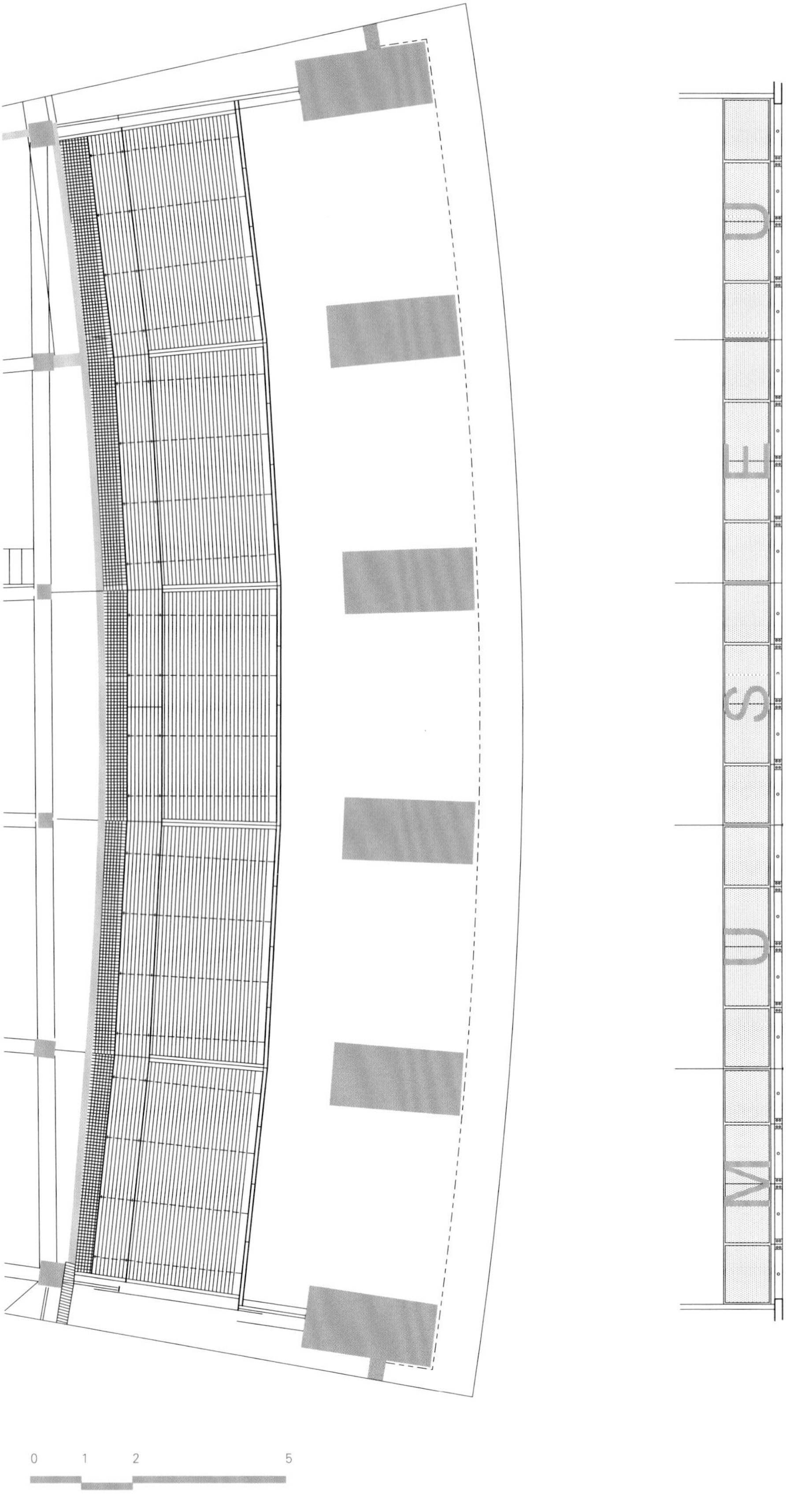
MUSEU
0 1 2 5

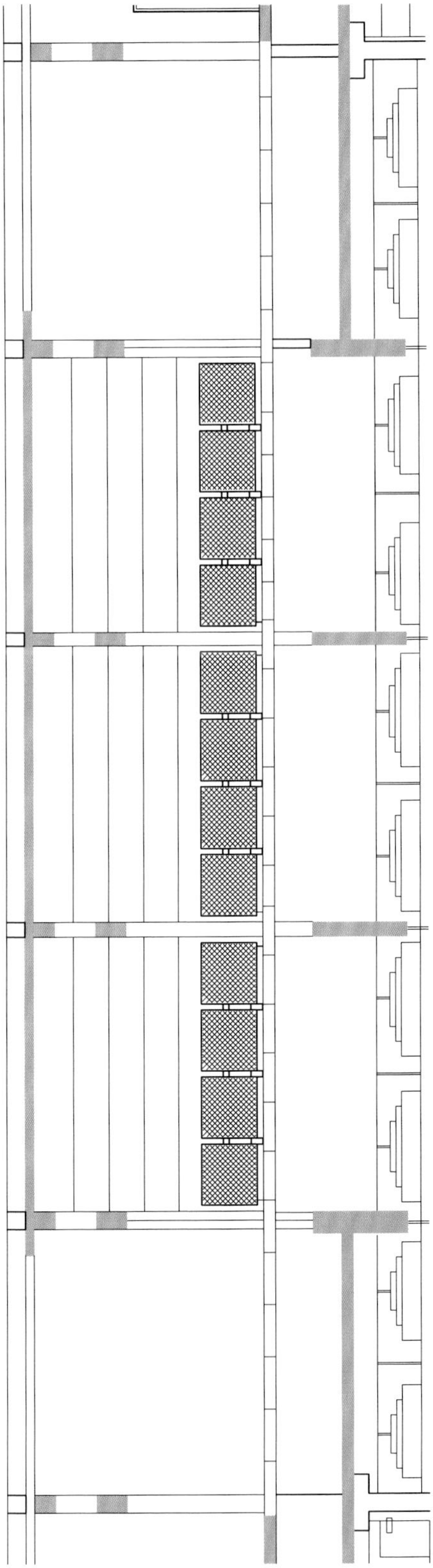
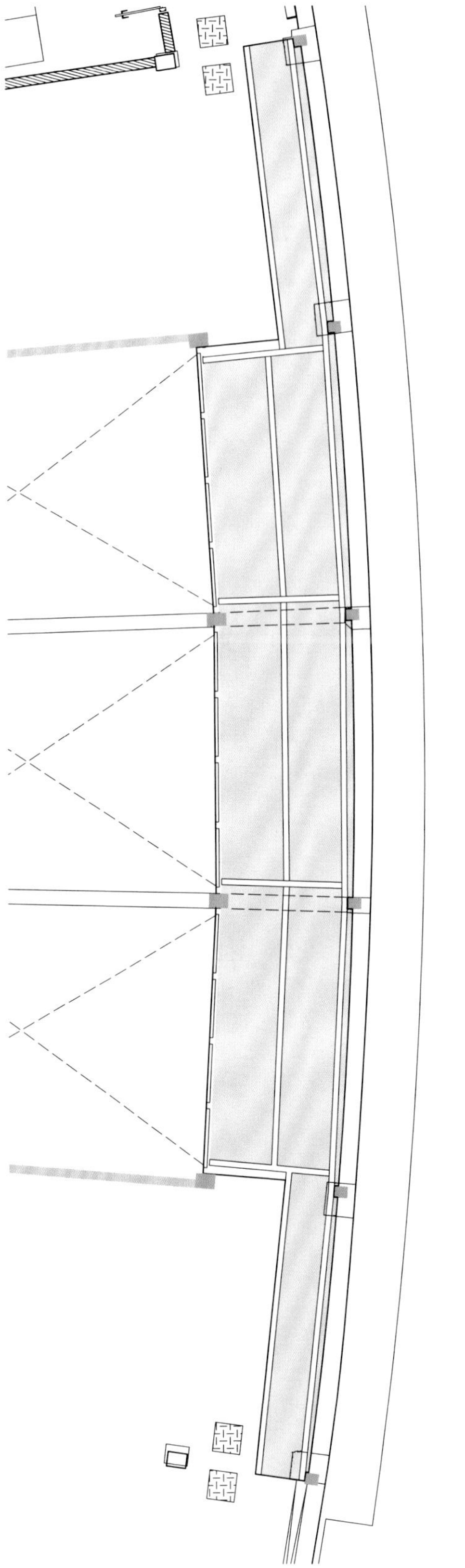

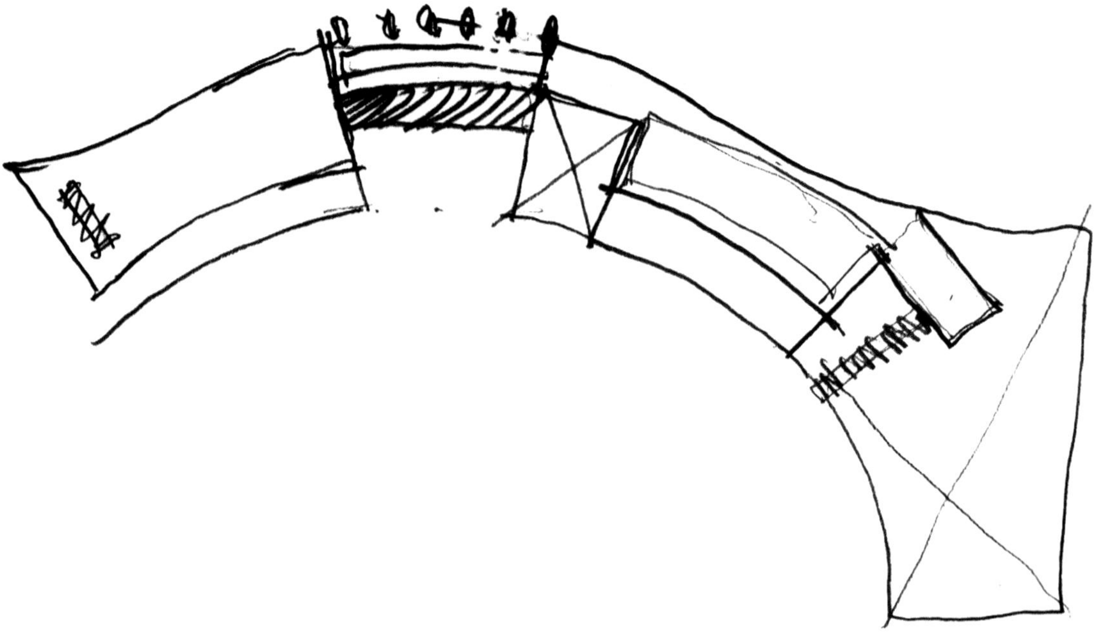

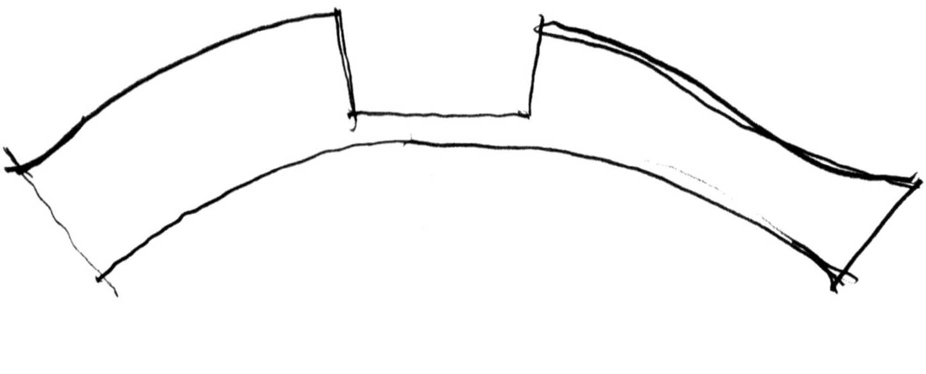

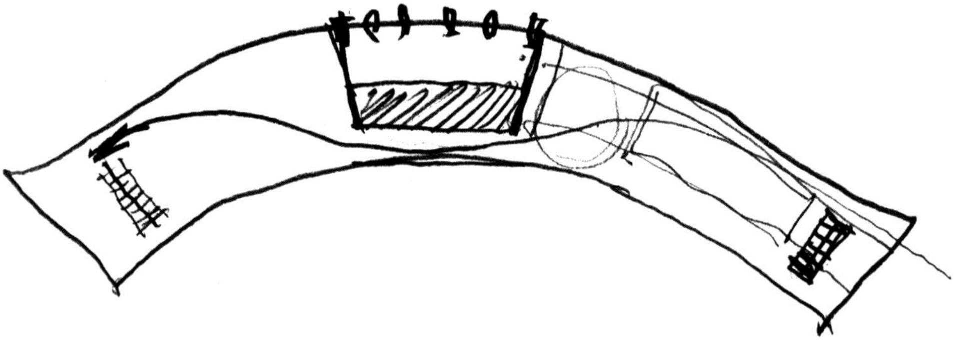

como um importante item do projeto. Está visível, permanente, estrutural, e adota um sistema construtivo claramente diferente daquele usado na construção do estádio, explicitando que se trata de uma intervenção.

Feita de cumaru proveniente de manejo sustentável, a passarela tem 23,50 metros de extensão por 3 metros de largura. Além de ser um marco da intervenção arquitetônica na fachada, ela promove a comunicação com o espaço externo. Suspensa a 9 metros do chão e a 4,40 metros do teto, ela proporciona, para quem a atravessa, uma sensação especial: a de estar protegido por toda a grandeza do edifício, flutuando no Pórtico Monumental, numa espécie de varanda aberta, porém coberta, abrigada. No desenho, buscou-se a esbelteza (a passarela tem apenas 16 centímetros de espessura), e o grande desafio foi fazê-la curva, acompanhando o desenho da fachada. Para isso, adotaram-se trechos retos que, unidos, delineiam a curvatura final (mesmo princípio geométrico da estrutura original do estádio). Cada um desses trechos está suspenso por um par de tirantes metálicos, posicionados exatamente nos pontos de inflexão da passarela, atrás dos quatro pilares do pórtico. Os tirantes furam o forro de estuque e prendem-se em pórticos ortogonais à fachada que também sustentam a arquibancada. O próprio piso é uma

Nas duas páginas anteriores
Planta e elevação da passarela do segundo pavimento; planta e elevação da passarela do terceiro pavimento

Na página ao lado
Croquis de elaboração dos fluxos do Museu do Futebol

Abaixo
Passarela do segundo piso do Museu do Futebol, foto de 2008

À esquerda
Passarela do segundo pavimento vista a partir da entrada principal do estádio, foto de 2008

Ao lado
Detalhe do guarda-corpo da passarela do segundo pavimento, foto de 2008

Abaixo
Passarela do segundo pavimento atrás do pórtico da entrada principal do estádio, foto de 2008

MUNICIPAL
ACHADO DE CARVALHO

Acima
Praça Charles Miller vista a partir da passarela do segundo piso do Museu, foto de 2008

Ao lado
Passarela do segundo piso do Museu, foto de 2008

prancha estrutural, formado por uma sequência de vigas de madeira com bitola de 6 x 16 centímetros, afixadas entre si com barras metálicas rosqueadas com molas que mantêm o conjunto sempre pressionado. Assim, a madeira funciona ao mesmo tempo como estrutura e acabamento da passarela, dispensando a sobreposição de pisos, forros e tratamentos acústicos – um recurso muito bem-vindo do ponto de vista orçamentário e que viabilizou a menor espessura possível para o conjunto.

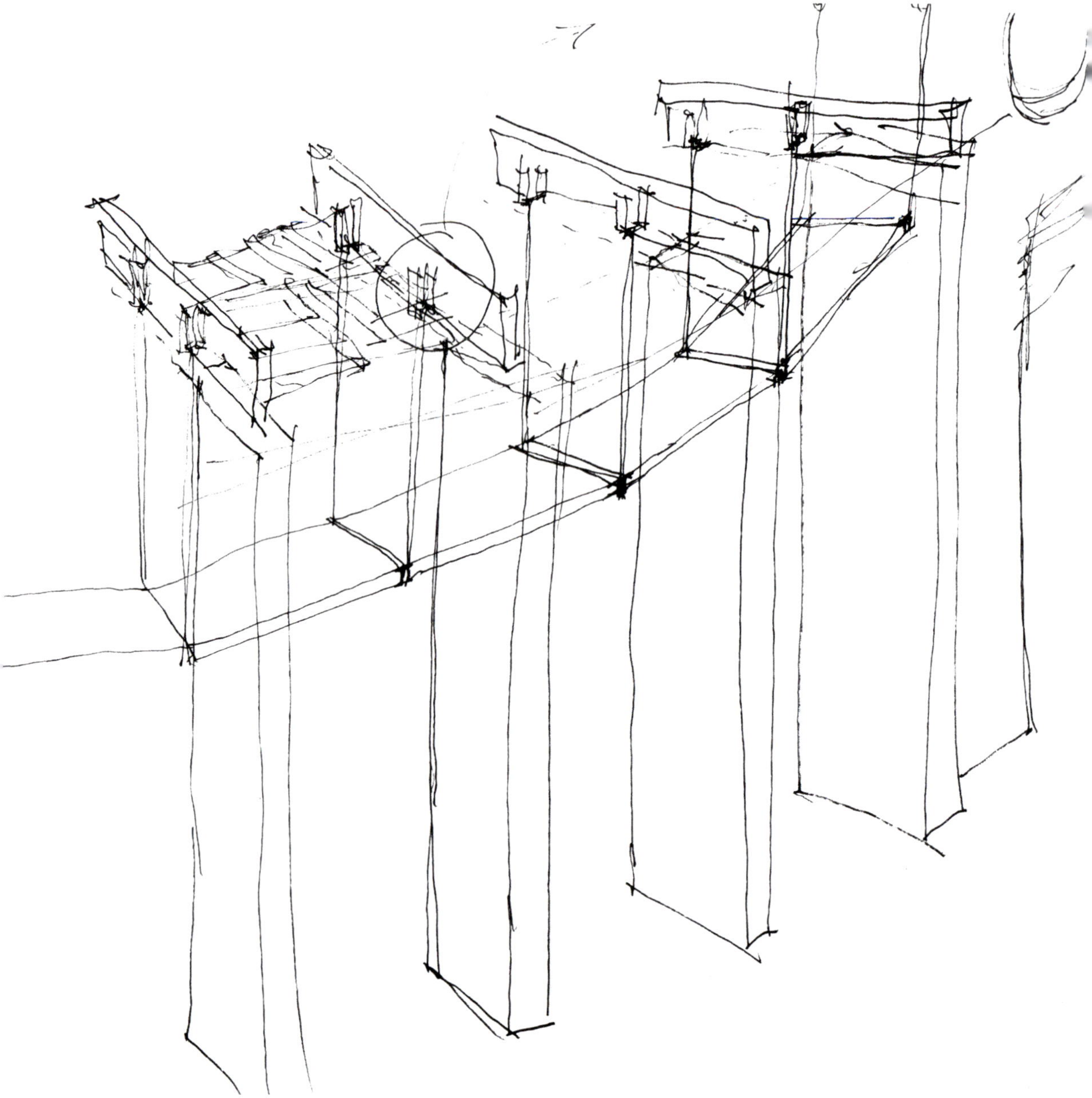

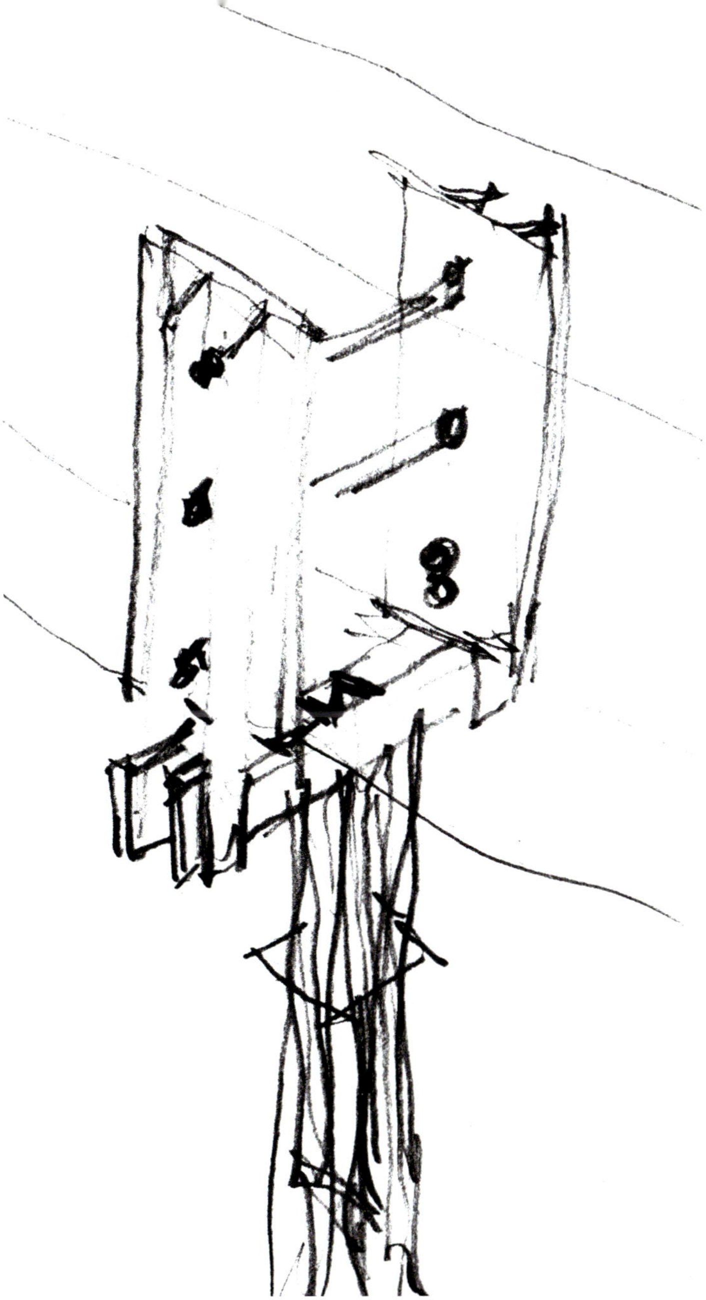

Croquis da fixação dos tirantes da passarela do segundo piso

Vistas da construção da passarela do segundo piso do Museu, fotos de 2008

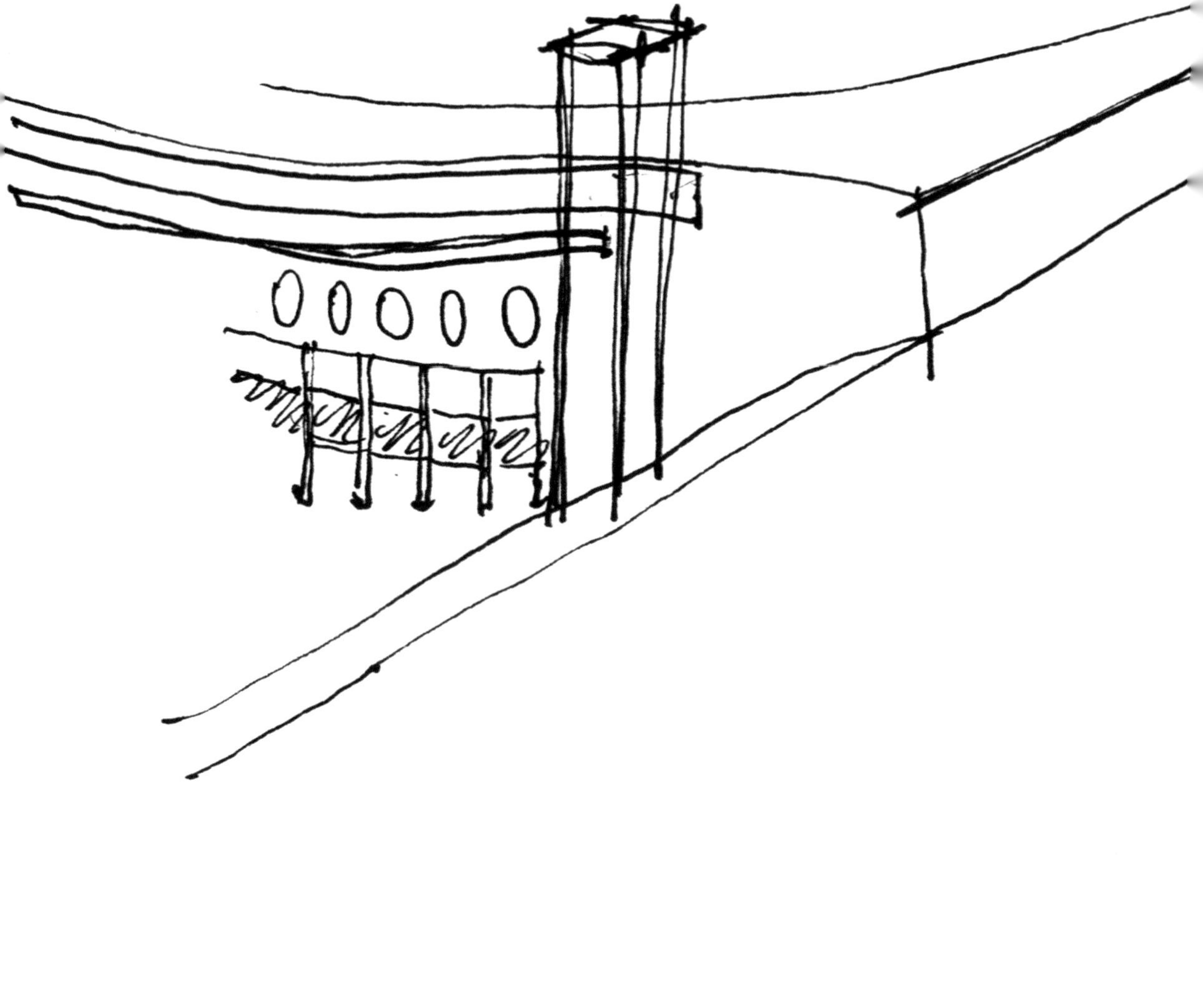

Croqui do anexo não construído do Museu do Futebol

A ampliação do Museu

Durante o estudo de viabilidade para o Museu do Futebol, a análise da topografia e dos desvãos nas duas extremidades do edifício frontal levou à ideia de extrapolar os limites do estádio para aumentar a área expositiva. O anexo de 10 mil metros quadrados (mais do que a área inicial, de 6.900 metros quadrados) ficaria do outro lado da rua Desembargador Paulo Passaláqua, que contorna uma das laterais do estádio. A articulação deste espaço com o edifício principal aconteceria por uma passagem subterrânea que corresponde ao prolongamento do piso do terceiro pavimento.

Como o talude que acomoda o estádio continua subindo do outro lado da rua, a melhor forma de ocupá-lo com uma nova construção sem alterar a paisagem seria escavando-o. Encaixado no talude, o bloco teria um teto-jardim, que reporia o verde perdido com as escavações e daria origem a uma praça-mirante, com vistas para o interior do estádio e o vale. Dessa forma, essa solução mais uma vez tira partido da topografia para propor, de um lado, uma maneira de suprir a futura demanda por espaço por parte do Museu e, de outro, uma rota de circulação que daria aos pedestres a opção de utilizar o conjunto de escadas rolantes externas do anexo como meio de transporte para vencer parte do desnível entre a praça Charles Miller e a estação Clínicas do metrô na avenida Dr. Arnaldo.

A questão da segurança

As rotas de fuga, necessárias em qualquer tipo de edifício, não causaram transtornos ao projeto de arquitetura. Acomodado nos taludes laterais, o estádio adquiriu uma configuração incomum, em que todos os seus quatro pavimentos tocam o nível do terreno. Assim, não se trata de um prédio de quatro andares, mas de quatro pisos térreos. Essa interpretação do projeto original tornou possível prescindir das escadas de incêndio enclausuradas, que causariam grande interferência visual no conjunto e criariam obstáculos à circulação interna.

Algumas aberturas para as arquibancadas e outras para os taludes laterais funcionam como saídas de emergência. No segundo pavimento, reabriram-se em cada ala dois portões que davam acesso direto à arquibancada, mas que se encontravam fechados. Se para o estádio essas entradas não eram mais funcionais, elas se tornaram bastante úteis no novo contexto do Museu. A abertura na ala oeste, por exemplo, é o mesmo ponto da exposição de onde o visitante pode ver o campo. Na ala leste, esse mesmo recurso está disponível.

No primeiro pavimento, outras duas rotas de fuga nas extremidades do edifício desembocam em escadarias originais de acesso à arquibancada. Estas estavam, antes, bloqueadas com portões de ferro para evitar sua ocupação por moradores de rua, uma realidade condizente com a situação anterior do estádio, que era murado, fechado. Agora, com o Museu, há gente, há atividade, há uma zeladoria para evitar essa ocupação. No entanto, essas novas relações levam tempo até que se cristalizem e se imponham. E uma mudança como essa pode levar algumas décadas.

Como atravessar esse período? A decisão de colocar uma instituição cultural na face de um estádio envolve vários aspectos ligados à segurança e ao convívio, mas o desenho das galerias do térreo não poderia reproduzir o modelo atual dos edifícios de São Paulo, o de fortificações interligadas por autoestradas. Essa relação é de mão dupla. São Paulo precisa ser fortificada, porque boa parte dela já é assim. O que é causa, o que é efeito? Quanto mais se blindam ruas, calçadas e praças, mais elas perdem a conexão com as atividades que acontecem ali, e o espaço abandonado e degradado vira uma terra pela qual ninguém se sente responsável. Para quebrar esse círculo vicioso nos arredores do estádio, as escadarias ficarão abertas para o espaço público, até porque farão parte das rotas de fuga do Museu.

Na página ao lado
Acesso do Museu para a arquibancada do Estádio do Pacaembu, foto de 2008

Abaixo
Acesso ao Museu visto da arquibancada do estádio, foto de 2008

Croqui com rota de fuga de incêndio, com todos os pavimentos do Museu conectados em nível com área externa

Abaixo
Vista da arquibancada a partir do gramado, com passarela passando pelo pórtico da entrada principal do estádio

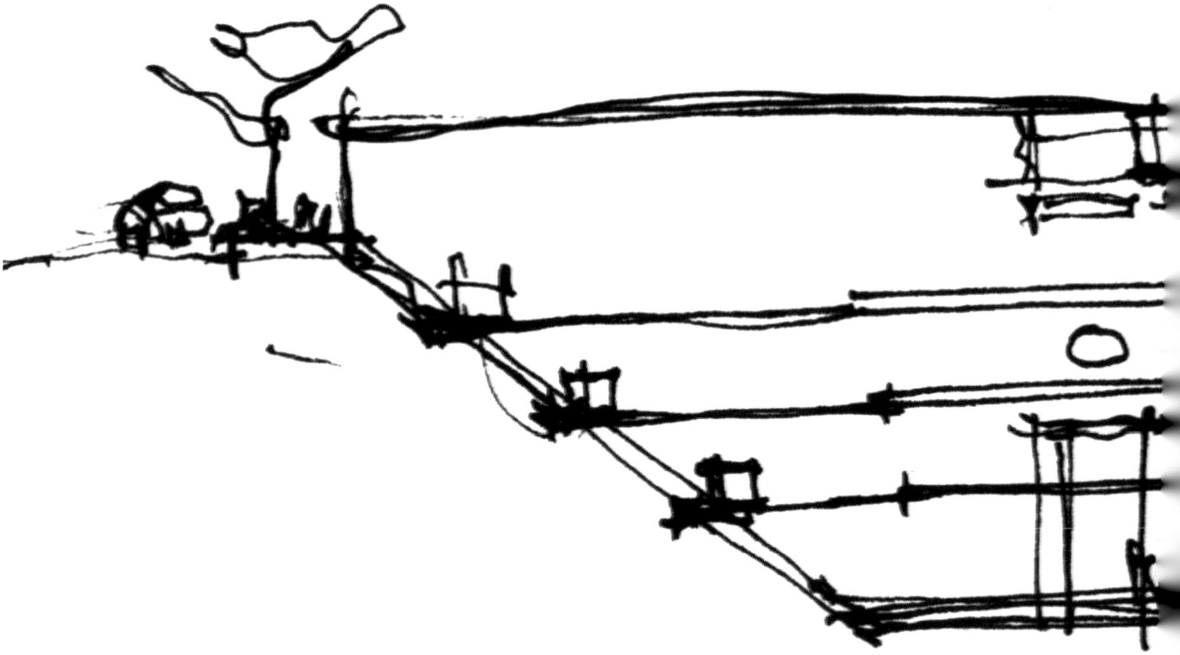

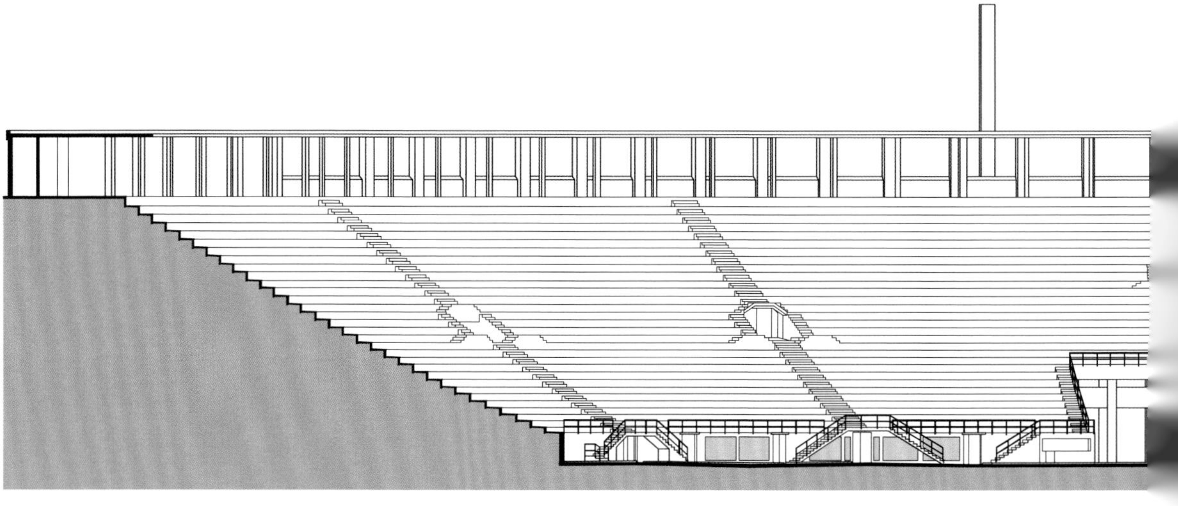

1 10

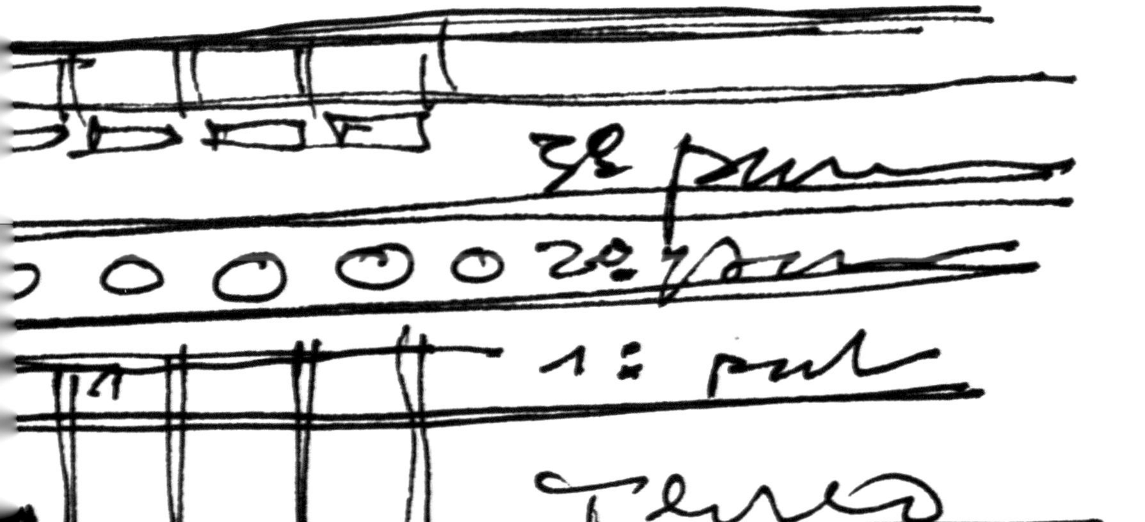

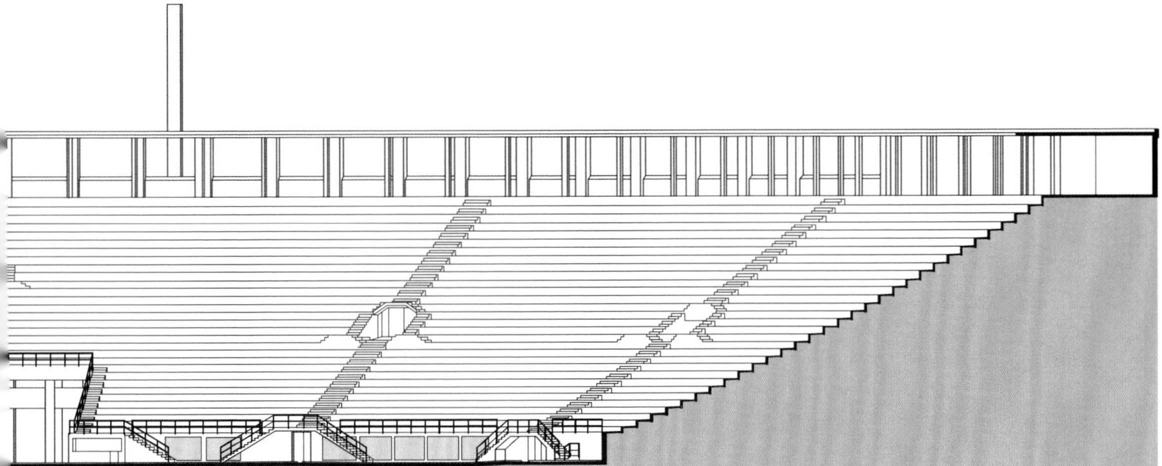

Quanto à convivência com as torcidas, proteções de aço isolam o Museu em dias de jogo. Os caixilhos de vidro laminado instalados nas galerias do térreo (que estão 70 centímetros recuados da estrutura de concreto) ganharam portas de enrolar, que fecham todos os vãos frontais. Já as grandes faces envidraçadas de cada lado do Pórtico Monumental ficam resguardadas por painéis de correr.

Todas essas barreiras não são, de forma alguma, definitivas. Assim como o projeto contempla a possibilidade de que o Museu e o estádio sejam, um dia, usados simultaneamente, também é perfeitamente viável despir o estádio dessas armaduras e, enfim, integrá-lo totalmente ao espaço público.

Acima
Entrada funcional do Museu do Futebol, foto de 2008

Na página ao lado
Entrada pública do Museu junto ao acesso principal do estádio, foto de 2009

MUSEU DO FUTEBOL

Capítulo 3

Requalificação e restauro

Ações de grande envergadura e esforço social, a preservação e a restauração de um edifício histórico não devem perder de vista aquilo que justifica toda essa mobilização: o sentido de pertencimento.

Na página anterior
Obras de construção do Museu do Futebol, foto de 2007

Por vários motivos, os paulistanos cultivam uma relação afetiva com o Estádio do Pacaembu. Quem tem uma boa história para contar sobre ele o faz com gosto, com riqueza de detalhes, relembrando vivências que podem até ser do pai, do avô ou de um amigo, mas que, juntas, constroem uma memória coletiva.

Acima
Vista aérea do Estádio Municipal e do bairro do Pacaembu, foto de julho de 1977

Na página ao lado
Estádio do Pacaembu em obras, em 22 de outubro de 1937

Concha acústica do estádio situada ao sul do gramado, foto sem data

Não por acaso, a substituição da concha acústica pelo Tobogã, reforma feita em 1970 para aumentar a capacidade do estádio, gerou uma espécie de ressentimento que até hoje rende discussões apaixonadas, dignas dos amantes de futebol. Se levarmos em conta a quantidade descomunal de prédios demolidos e construídos todos os dias em São Paulo, quais as chances de esse episódio ficar tão marcado na lembrança das pessoas? Isso só comprova a existência de uma afetividade singular entre os paulistanos e seu estádio. Relações como essa dão sentido ao patrimônio e despertam a responsabilidade em relação a ele.

Entender de onde vem esse sentimento e ajudar a potencializá-lo é um dos objetivos do projeto de arquitetura, que incluiu, nesse caso, um minucioso trabalho de requalificação e restauro. Por que o Pacaembu tornou-se um ícone tão poderoso? Sem dúvida, a arquitetura do projeto original contribuiu para isso. Subjetiva e inconscientemente, os frequentadores percebiam que a galeria porticada, mesmo desprovida de funções que lhe conferissem um real significado, representava a intenção de estabelecer um diálogo entre a edificação, a praça e os pedestres. Dessa forma, permitir e ampliar o acesso a esse ícone, assim como aproximar fisicamente os visitantes dele (fazendo, por exemplo, com que vejam de perto o teto do Pórtico Monumental ao cruzar a passarela) são atitudes carregadas de simbologia.

Na página anterior
Fachada do estádio no final da obra, foto sem data

Vistas de diferentes etapas da construção do edifício principal do Estádio do Pacaembu, fotos sem data

No entanto, ainda que o estádio tenha permanecido fisicamente o mesmo, o bairro e a cidade mudaram muito desde os anos 1940. Por isso, o ícone só seria preservado se o seu uso também se transformasse para acompanhar a evolução urbana. E isso passou por alterações estudadas para conferir ainda mais significado aos elementos que se quis, de fato, preservar. Instalar o Museu do Futebol na fronteira entre o estádio e o espaço público foi, em si, uma estratégia para lidar com essas novas relações.

Construção do edifício
principal do Estádio do
Pacaembu, fotos sem data

O restauro, portanto, faz parte de um processo de reabilitação. Recuperam-se alguns aspectos de um edifício, enquanto outros se modificam. Aqui, essa ação aconteceu em dois níveis: o geral, da construção como um todo e seu uso, e o particular, dos materiais que a compõem.

A galeria

Comecemos pela escala mais ampla, a do desenho do estádio. Analisar cuidadosamente o projeto original do edifício que se pretende restaurar é um processo básico e indispensável. E as plantas, as elevações, os cortes e as perspectivas feitos pelo escritório Severo Villares nos anos 1930 apontam especialmente para uma configuração de fachada bastante incomum.

Na página ao lado, acima
Vistas da construção do edifício principal do Estádio do Pacaembu, fotos sem data

Na página ao lado, abaixo, e acima
Obra de reforma do edifício principal do Estádio do Pacaembu, implantação do Museu do Futebol, fotos de 2007

No térreo e no primeiro pavimento, o limite entre o interior e o exterior não coincide com a linha de colunas. Há um recuo de 5,50 metros que ajuda a dar transparência e permeabilidade ao edifício, criando um gradiente de integração visual e física entre os espaços de dentro e de fora. Esse recurso remete às *loggias* e às galerias porticadas, elementos típicos da arquitetura italiana, e também às praças de armas presentes nas cidades de colonização espanhola. Quanto mais suave essa passagem, mais ricos tornam-se esses ambientes.

Mas, da maneira como foi executado, esse propósito não alcançou todo seu potencial. Isso talvez guarde uma relação com a época da construção do estádio, em que o fascínio pelo automóvel influenciou o planejamento da cidade por meio de um tipo de urbanismo que propunha usufruir das ruas a partir da janela do carro (o que, no começo do século passado, não era exatamente um problema, afinal havia poucos veículos em São Paulo). Como o desenho do bairro do Pacaembu segue essa filosofia, a praça Charles Miller tornou--se, naturalmente, um estacionamento.

Assim, a entrada do estádio, que em última análise faz uma alusão às galerias porticadas (feitas para percorrer a pé), na realidade não era usada dessa forma. O projeto resgata a coerência da galeria porticada, devolvendo-a à escala do pedestre, e a leva ao seu limite, abrindo-a. Afinal, hoje o uso mais adequado para a praça Charles Miller mudou. Com seus 30 mil metros quadrados, sua maior vocação não é mais a de um estacionamento, principalmente num momento em que a cidade sente falta de espaços públicos qualificados. Se observarmos hoje a frequência da praça, já é possível notar sinais de transformação: de fato, a presença do Museu ajudou a torná-la um lugar de encontro e convívio, um espaço atraente, diversificado, povoado inclusive à noite por pessoas de todas as idades.

A semente desse processo foi a retirada da parede de cerca de 150 metros que se situava atrás da galeria e acomodava as antigas bilheterias (leia mais sobre este assunto no Capítulo 2). Nesse processo, as duas escalas de restauro mencionadas no começo deste capítulo (a geral, do edifício e seu uso, e a particular, dos materiais) cruzaram-se. De um lado, essa operação transformou o uso do térreo, fazendo dele um espaço não de passagem, mas de permanência. De outro, a demolição da alvenaria levou à instalação de caixilhos novos, que apresentam uma linguagem propositalmente diferente do

Carros estacionados na praça Charles Miller, foto sem data

Pórtico do edifício principal do Estádio Municipal, foto sem data

Play Bus

desenho dos caixilhos antigos (mantidos e recuperados nos andares superiores). Assim, os originais e os novos estão em planos diferentes, são inconfundíveis. Evidenciada, valorizada e devidamente inserida em seu contexto, a intervenção ganha luz própria e dialoga com o existente.

Os caixilhos

A primeira ideia para a caixilharia do térreo não envolvia montantes metálicos, como os que se veem hoje, mas sim painéis envidraçados piso-teto. No entanto, as peças em medidas especiais acarretariam um alto custo de execução e manutenção (em caso de quebra, a reposição seria muito cara). A solução adotada emprega vidros com tamanho padrão (3,50 x 2,10 metros), que, ao contrário do estudo inicial, não chegam até a laje. Deixado aberto, o último trecho, de 40 centímetros, permite a ventilação e a troca de ar (leia mais sobre a climatização no final deste capítulo), e solta os caixilhos das vigas e das instalações, além de reduzir significativamente o orçamento deste item.

Os vidros estão fixados em estruturas metálicas maciças cujo desenho é análogo ao dos tirantes da passarela de madeira (veja no Capítulo 2), porém com outro acabamento: um tipo de pintura conhecido como "martelada", de aplicação industrial, extremamente resistente. Essa pintura fez-se necessária porque, ao contrário dos tirantes de aço galvanizado,

Na página anterior
Bairros do Pacaembu, Perdizes e Higienópolis vistos por detrás do pórtico do edifício principal do Estádio do Pacaembu, foto de 2009

Vistas de aspectos diversos da loja do Museu do Futebol, fotos de 2008

Abertura circular original (óculos) do segundo pavimento, com anteparo interno de chapa metálica expandida, foto de 2008

os montantes foram soldados no local. Ainda que haja essa diferença, o acabamento escolhido condiz com a linguagem proposta para as intervenções.

Nos demais andares, mantiveram-se as janelas originais. Muitas estavam descaracterizadas: vitrôs móveis transformados em fixos e vice-versa, alavancas quebradas ou trocadas por modelos diferentes, montantes enferrujados ou danificados. Por isso, cada peça passou por um delicado trabalho de recuperação.

Marca registrada do edifício, os óculos (grandes aberturas redondas do segundo andar) ganharam anteparos internos de chapa metálica expandida. Imperceptíveis para quem olha de fora, esses anteparos funcionam como microbrises – pequenos quebra-sóis que regulam a luminosidade das salas expositivas sem, no entanto, barrar a visão para a praça. Fechados nas laterais, eles refletem, à noite, a luz de lâmpadas fluorescentes instaladas acima deles e "acendem" os óculos, criando uma espécie de negativo da fachada diurna. Essa operação mostra claramente como um elemento da arquitetura original pode integrar-se às soluções de iluminação necessárias a um museu e, ao mesmo tempo, ser valorizado por elas, numa via de mão dupla desejável em qualquer projeto de requalificação.

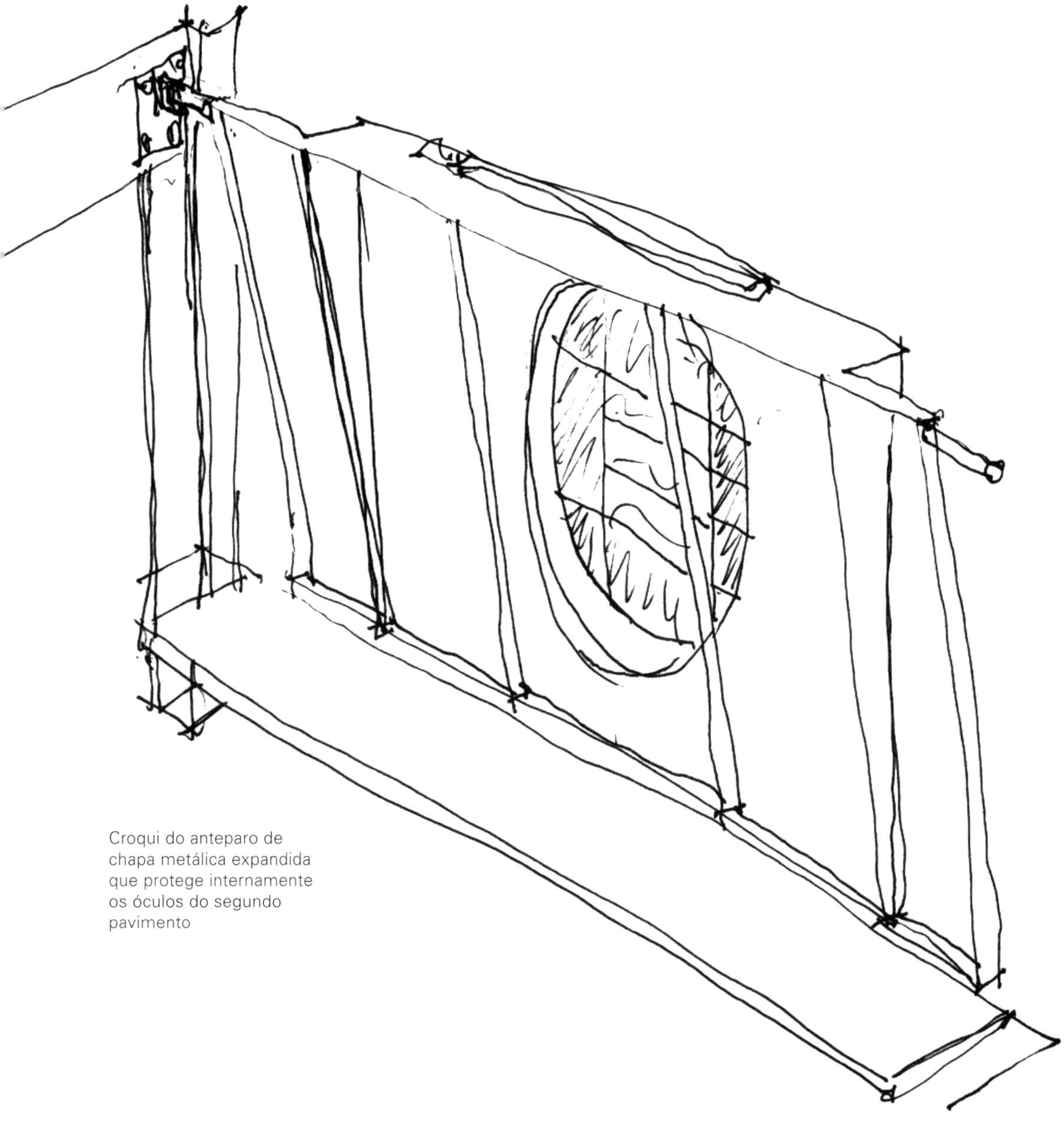

Croqui do anteparo de chapa metálica expandida que protege internamente os óculos do segundo pavimento

O tratamento do concreto

Como a intervenção propôs expor elementos que já estavam no prédio, mas se encontravam revestidos, a revelação da estrutura, já mencionada no capítulo anterior, foi um dos principais momentos em que a reabilitação envolveu a recuperação de um material específico. O tratamento do concreto, que não havia sido construído para ficar à mostra, exigiu cuidados singulares.

Obras de adequação dos diversos espaços para a implantação do Museu do Futebol, fotos de 2007

O primeiro passo do restauro da estrutura consistiu em descascá-la. Nessa hora, com tudo visível, evidenciaram-se os efeitos da idade sobre a construção. Enquanto em alguns lugares o concreto permaneceu intacto, em outros ele padecia dos mais variados estágios de degradação: desde o esfarelamento provocado por umidade até buracos que expunham sua armadura metálica interna, situação que colocava em risco a segurança do estádio. Num primeiro momento, analisaram-se as ferragens, cujos trechos corroídos foram substituídos. Então, teve início uma ação de duas frentes: a prevenção de novas infiltrações, com o fechamento das fissuras existentes e a impermeabilização da arquibancada norte (sob a qual se instalou o Museu), e o conserto dos danos já causados à estrutura.

Nas vigas e pilares danificados, a perda de material foi reposta com argamassa, cuja última camada empregou uma composição que deu origem a um tom de cinza muito próximo ao do concreto original. Porém, os olhares mais atentos notarão a diferença: as manchas claras na estrutura coincidem com os pontos refeitos. A sutil diferença entre os tons funciona como um discreto registro da magnitude do trabalho de restauração.

O descascamento da estrutura não trouxe apenas problemas, houve também gratas surpresas, como as marcas das fôrmas de madeira de lei utilizadas para moldar o concreto armado. A pintura escondia o desenho das tábuas impressas no concreto, um testemunho da técnica utilizada na construção do estádio.

Características tectônicas de revestimento e estrutura, fotos de 2008

Fachada do Estádio Municipal durante as obras do Museu do Futebol, foto de 2007

A recuperação da fachada

Inúmeras camadas de tinta látex bege-amarelada descaracterizavam a fachada. A retirada com jatos de água tornou-se mais fácil depois da aplicação prévia de um removedor químico que enrugou a tinta, fragilizando-a. Feita com todo cuidado e controle da pressão e da incidência dos jatos, essa operação revelou o revestimento original – uma argamassa cuja cor era determinada pelo tom da areia empregada em sua composição (proveniente, muito provavelmente, da várzea do rio Tietê). Como hoje essa mesma areia não está mais disponível para a construção civil, a grande arqueologia dessa fase consistiu em formular a nova argamassa necessária para o restauro da fachada. O objetivo foi obter uma composição cromática semelhante à do revestimento encontrado, estudado detalhadamente em testes de laboratório.

A definição da textura e da cor da nova argamassa ocorreu sob a supervisão dos órgãos de preservação do patrimônio. Uma vez tomada essa decisão, um time que chegou a contar dezoito pedreiros entrou em campo. A extensão da fachada desafiou o cronograma e a logística da obra: 200 metros lineares e quase 2 mil metros quadrados de área, divididos em grandes requadros definidos pelas juntas de dilatação. Em um restauro ideal, cada requadro, ou jornada, deve ser coberto em um único dia para que se evitem emendas. No Pacaembu, o tamanho das jornadas (que chegam a 200 metros quadrados) inviabilizou essa proposta, assim como se tornou impossível que um mesmo pedreiro se responsabilizasse por jornadas inteiras – cuidado desejável para a regularidade do trabalho, já que a forma de chapar a argamassa é uma espécie de caligrafia: cada pedreiro tem a sua. Por esses motivos, equalizar a aparência final da textura em toda a extensão da fachada foi um dos maiores desafios dessa etapa.

Por cima da nova argamassa, a camada de reboco de grãos finos, com meio centímetro de espessura, recebeu um acabamento denominado velatura – espécie de aquarela que pigmenta o revestimento, mas mantém visível sua textura. Em alguns pontos, demãos extras de velatura atenuam as irregularidades das jornadas, mas cobrem a textura da argamassa, efeito não desejado pelos técnicos em patrimônio que acompanharam a obra. Esse difícil equilíbrio mostra quão delicado é o trabalho de restauro, cuja batuta rege variáveis como a granulometria da areia escolhida, a mão do pedreiro, a própria arquitetura do edifício e a complexa relação de tudo isso com o prazo estabelecido para a obra.

O novo piso

A conversão de um edifício de uso restrito em museu pressupõe inúmeras adequações. O piso é uma das mais importantes, pois deve suportar o alto tráfego de pessoas. Elemento original dos três pavimentos superiores, o revestimento de tacos de madeira não pôde ser mantido na área aberta ao público por não apresentar essa característica (hoje, está apenas no terceiro andar, onde se localizam o departamento administrativo e a reserva técnica do Museu).

Para o restante da área, escolheu-se um piso de concreto, mesmo material que já aparecia no térreo como continuidade do pavimento externo da praça. Muito heterogêneo e difícil de controlar, o concreto retrai com facilidade e está sujeito ao aparecimento de fissuras, principalmente quando aplicado sobre uma laje. Por isso, antes de concretar uma área grande, normalmente se faz uma placa-teste para observar como o material se comporta no local. Esse teste define o traço definitivo do concreto, a dosagem de fibra de vidro na mistura (aditivo que minimiza sua tendência para trincar durante a cura) e a opção ou não pela armadura interna (tela com barras de 4,2 milímetros de espessura que ajuda a evitar fissuras depois que o piso seca). Todas essas medidas foram tomadas no piso do Museu do Futebol.

Aplicação de pintura industrial nos tons laranja e preto sobre o concreto do piso do segundo pavimento do Museu, fotos de 2007

Além disso, respeitaram-se as juntas de dilatação já presentes na estrutura e criaram-se, a cada 5 metros, juntas de retração – abaixo das quais as fissuras são induzidas a surgir, mas ficam invisíveis. Frisos que afastam o piso dos pilares e das paredes existentes, partido adotado pelo projeto de arquitetura para diferenciar os elementos existentes das novas intervenções, também previnem trincas na medida em que isolam o piso da movimentação da estrutura.

No térreo, o piso permaneceu com a cor prevista pelo projeto de arquitetura, um cinza-claro obtido por meio de uma fina camada de areia jogada sobre a superfície. O primeiro e o segundo andares alternam os tons preto e laranja, resultado de uma pintura industrial feita por cima do concreto.

Exposição *Mania de Colecionar* na *Sala de Exposições Temporárias*, com uniformes de clubes de futebol, no piso térreo do Museu do Futebol, foto de 2008

Climatização

Outra adaptação importante foi a instalação de um sistema de ar condicionado, fundamental para garantir o conforto dos visitantes, já que nas salas as janelas permanecem fechadas por uma questão acústica. Composto de grandes volumes internos e externos, esse equipamento poderia comprometer a aparência dos espaços expositivos e, pior ainda, a do edifício histórico tombado.

No entanto, nada disso ocorreu. As máquinas condensadoras para o sistema do primeiro e segundo andares encontraram seu lugar em lajes intermediárias criadas nas duas laterais do edifício, abaixo da marquise que protege as lanchonetes. Nesses pontos, o pé-direito de cinco metros foi reduzido a três. A diferença de dois metros foi suficiente para a criação de pisos técnicos para abrigar o equipamento sem que ele crie qualquer tipo de interferência na fachada. Já o sistema do térreo, independente, está instalado em compartimentos técnicos à beira do campo, protegidos por um gradil, ao pé da arquibancada. Assim, o equipamento pesado está acomodado discretamente dentro da própria volumetria do edifício.

Instalação de sistema de
ar condicionado no primeiro
pavimento do Museu,
foto de 2007

Os dutos e as unidades evaporadoras que ficam dentro do prédio, todos aparentes, obedecem ao princípio adotado para as demais instalações (elétrica, hidráulica etc). De aço galvanizado, com uma aparência industrial unificada, esses novos elementos, ao mesmo tempo em que têm personalidade forte, compõem uma espécie de camada facilmente identificável. Afastados da estrutura, todos estão num plano que pode ser mentalmente apagado, descortinando o concreto curado na década de 1930 e agora totalmente restaurado – um gesto do projeto de respeito ao espírito do lugar e que também dá o caráter da arquitetura atual do Museu.

Abaixo
Croqui de implantação das máquinas condensadoras do Museu, sem interferência na fachada do estádio

Na página ao lado
Croqui do acesso ao Museu do Futebol no meio da arquibancada do Estádio Municipal

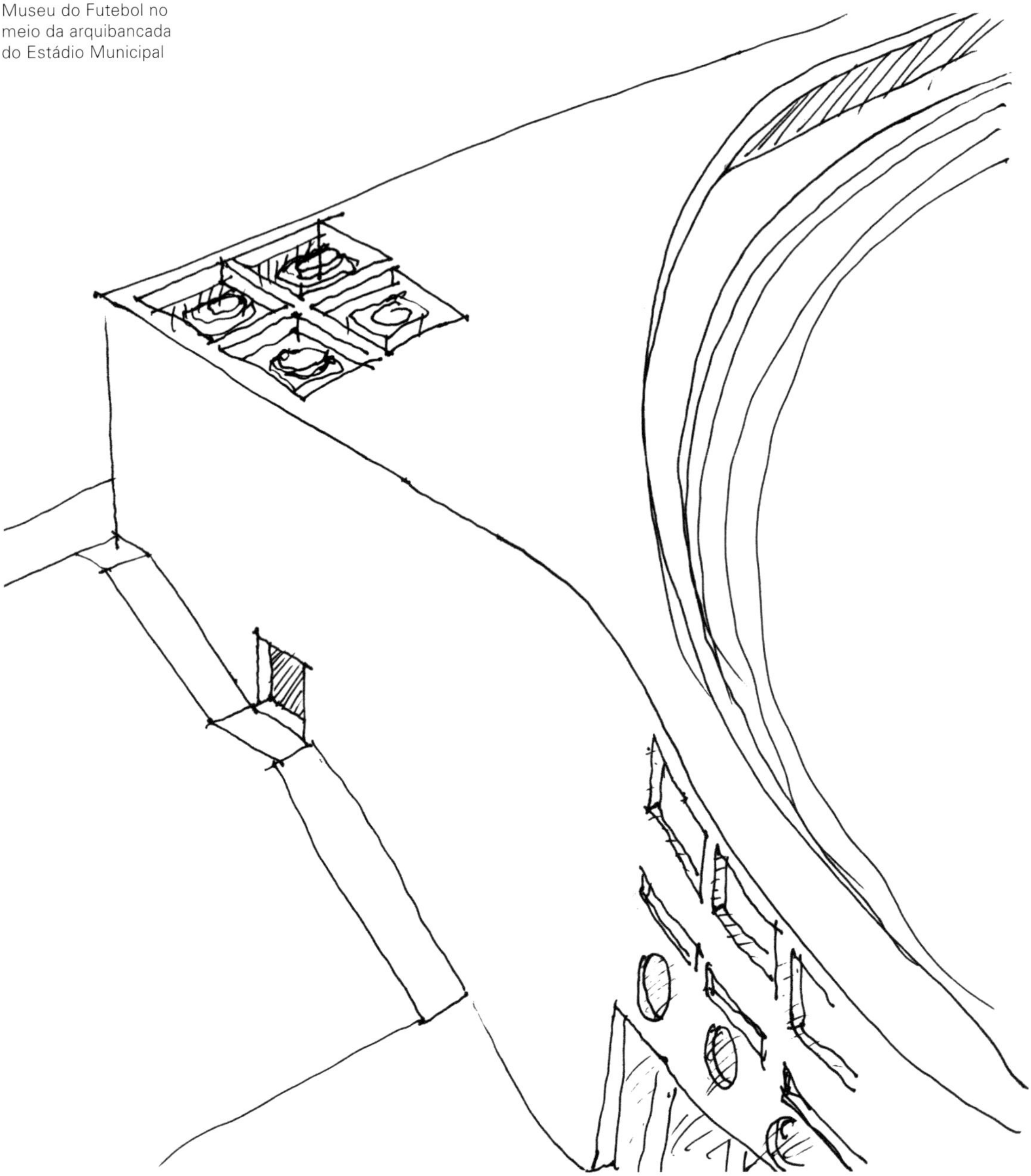

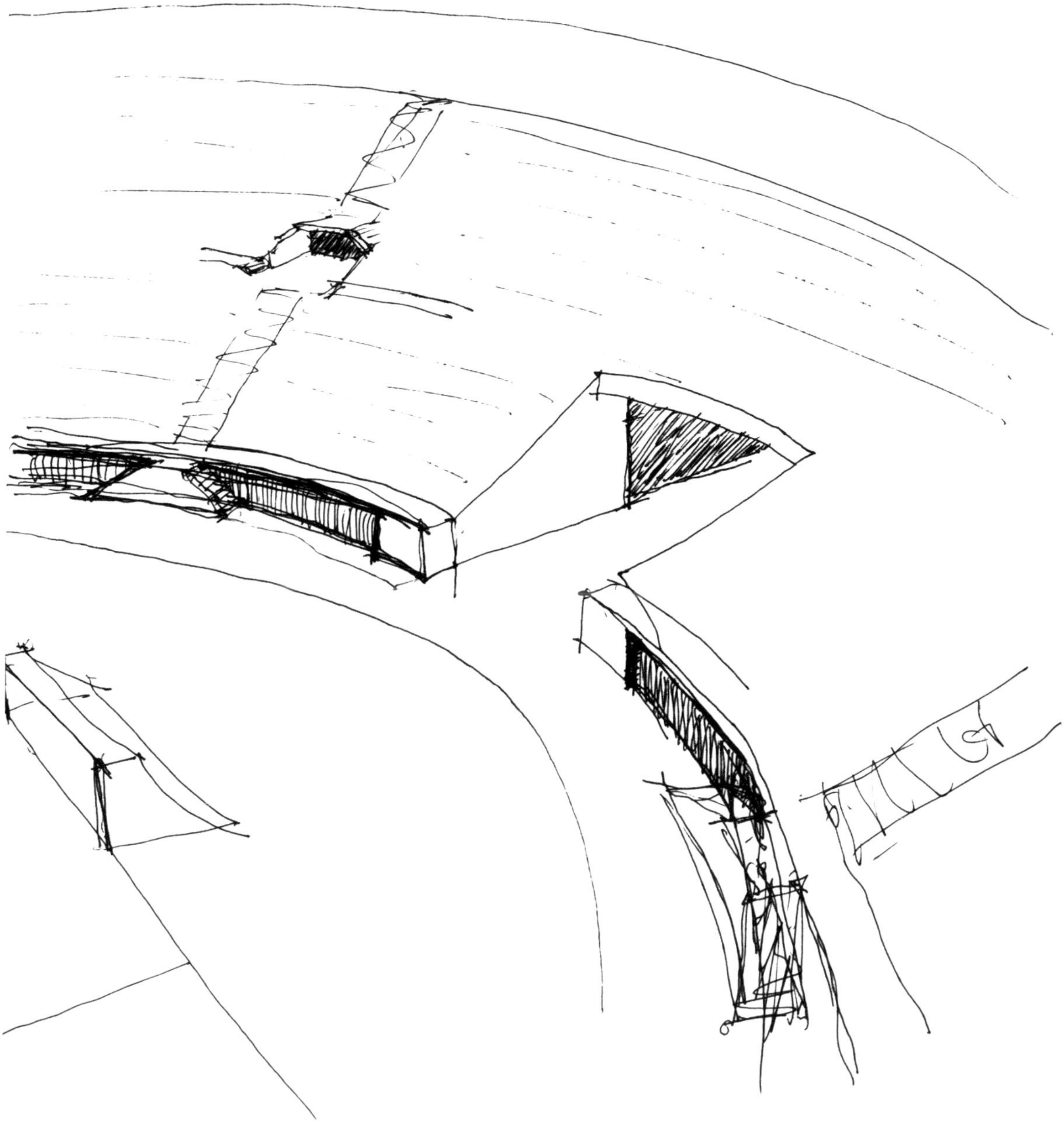

Croquis do esquema de ventilação induzida do Museu do Futebol (à esquerda) e do posicionamento das máquinas condensadoras do museu (à direita)

Vistas dos dutos de ar condicionado, eletricidade e demais instalações, fotos de 2008

Na página seguinte
Torcedores chegando ao Estádio do Pacaembu para mais um jogo de futebol

Na página 224
Sala Anjos Barrocos, foto de 2008

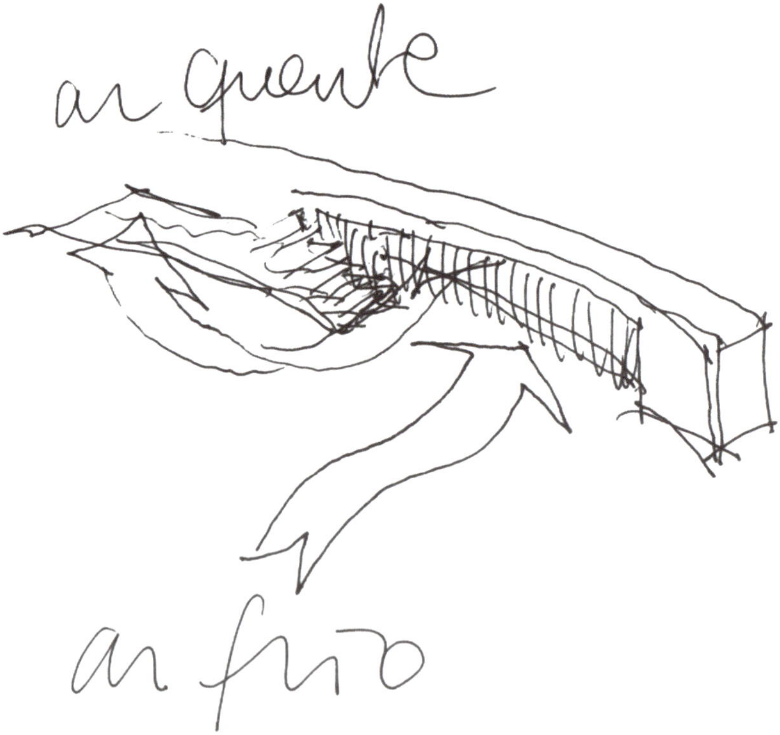

Segundo o arquiteto suíço Peter Zumthor,

> *Cada nova obra intervém numa certa situação histórica. Para a qualidade desta intervenção é crucial que se consiga equipar o novo com características que entrem numa relação de tensão significativa com o existente. Para o novo poder encontrar o seu lugar, precisa primeiro nos estimular a ver o existente de uma nova maneira. Lança-se uma pedra na água. A areia agita-se e volta a assentar. O distúrbio foi necessário. A pedra encontrou o seu lugar. Mas o lago já não é mais o mesmo.*[2]

2
ZUMTHOR, Peter. Uma intuição das coisas. In *Pensar a arquitectura*, p. 17.

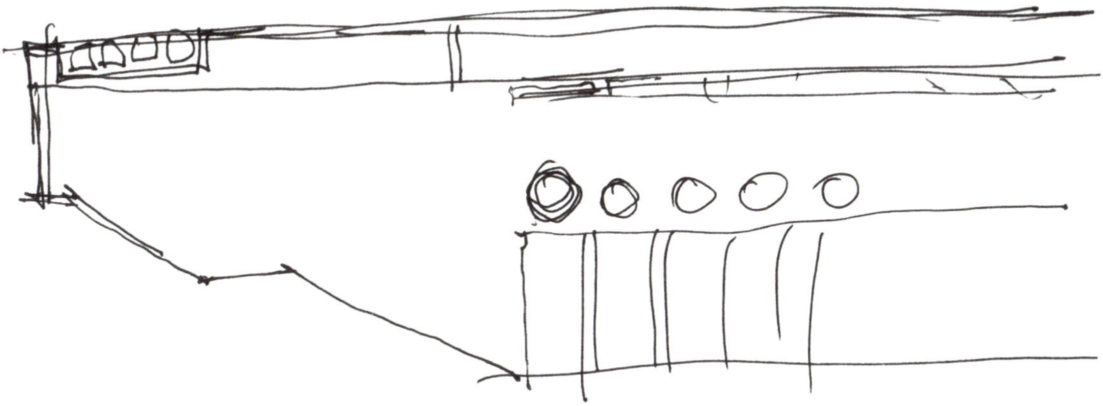

batavo

Posfácio

Como este livro entrou em campo

Conversamos pela primeira vez sobre escrever este livro juntos em uma viagem de trabalho a Gonçalves, MG, em fevereiro de 2008. Fazia tempo que não nos víamos, e as três horas de estrada naquela manhã de sábado serviram para colocar vários assuntos em dia. O Museu do Futebol, que na época estava em obras, foi um deles.

Dois anos antes, havíamos iniciado uma interlocução sobre os conceitos-chave desse projeto. De um lado, o arquiteto; de outro, a jornalista especializada em arquitetura – o objetivo era produzir um texto de apresentação elaborado, com argumentos coerentes e bem colocados, que deixassem claras as intenções das intervenções que estavam sendo planejadas para o Estádio do Pacaembu. A parceria funcionou, e esse primeiro texto integrou o memorial descritivo do projeto.

Com conclusão prevista para o segundo semestre de 2008, o Museu do Futebol talvez fosse a inauguração mais aguardada daquele ano em São Paulo. Por que não aproveitar a oportunidade para dividir com os visitantes os bastidores da requalificação de um dos edifícios públicos mais queridos da cidade? Se publicações assim são comuns na Europa – uma de nossas primeiras referências foi o livro da editora alemã Hatje Cantz sobre o museu Frieder Burda, de Richard Meier, em Baden Baden[1] –, em nosso país os leitores têm sorte se a autoria do projeto é ao menos mencionada na cobertura da grande imprensa. Para um arquiteto, isso é um desastre. Para uma jornalista especializada em arquitetura, um desserviço imperdoável.

O primeiro passo foi levantar toda a documentação do projeto no escritório. Em uma pasta de policarbonato azul, encontramos as transcrições dos *workshops* realizados em 2005 para discutir as premissas do futuro museu – nesses encontros, foram abordados desde os primeiros conceitos sobre o acervo até possíveis locais para abrigá-lo. Uma pasta de arquivo suspenso etiquetada como "galeria do futebol" organizava estudos de viabilidade onde já ficavam visíveis as linhas mestras do projeto. Anotações, croquis, pareceres dos órgãos de patrimônio brotaram deste arquivo, que também revelou uma preciosidade: uma brochura encadernada, batizada *Pacaembu – subsídios para o projeto de restauração*, com data de 2006. Ela nos levou a Silvia Ferreira dos Santos Wolff[2], arquiteta e técnica do Condephaat, que prontamente aceitou nosso convite para participar do livro com um texto de apresentação sobre a história do bairro do Pacaembu e de seu estádio.

A seguir, reunimo-nos em incontáveis sessões de conversas para destrinchar o projeto e chegar à melhor forma de descrevê-lo para um leigo, que acreditamos ser o público-alvo deste livro, sem simplificar demais a linguagem ou deixar de

1
STIFTUNG FRIEDER BURDA (org.). *Museum Frieder Burda – Architekt Richard Meier.*

2
Silvia Ferreira Santos Wolff foi colaboradora das instruções dos processos de tombamento do Estádio e do Bairro do Pacaembu, e é autora do livro *Jardim América: o primeiro bairro-jardim de São Paulo e sua arquitetura.*

trazer um olhar que também interessasse aos arquitetos ou estudantes de arquitetura. Ponto a ponto, cercamos todos os temas que consideramos relevantes – da visão histórica oferecida por Silvia até questões contemporâneas, como segurança, sustentabilidade e requalificação urbana. Somados, os arquivos de áudio dessa fase têm 10 horas e 36 minutos de gravações – registro que deu origem aos três capítulos do livro. Para melhor elucidar alguns pontos, contamos com três depoimentos dignos de nota. Daniel Pollara, então arquiteto coordenador do escritório e encarregado de acompanhar a obra diariamente, esclareceu questões relativas à execução do projeto. Samira Chahin, arquiteta da Concrejato (empresa responsável pela obra), descreveu com precisão o processo de restauro da fachada do estádio. Breno Macedo Faria, engenheiro que na época fazia parte da equipe da empresa Monobeton, explicou detalhadamente a confecção do novo piso cimentício.

O texto passou por criteriosas leituras de Bruno Tapajós, Luciana Benatti e Lyna Barbosa, de quem recebemos comentários e sugestões certeiros. Após chegar às mãos dos editores Abilio Guerra e Silvana Romano Santos, outras pessoas foram consultadas para conferir maior precisão às informações e ampliar o universo de referências. Clara Azevedo, diretora executiva do Instituto de Artes do Futebol Brasileiro, e Lucia Basto, gerente geral de patrimônio e cultura da Fundação Roberto Marinho, verificaram os créditos de participação das duas instituições no projeto e na realização do Museu do Futebol. José Miguel Wisnik, amante do futebol, aceitou entusiasmado o convite para redigir o prefácio. Sérgio Settani Giglio, pesquisador na área de futebol e cultura, Silvia Ferreira dos Santos Wolff e Clara Azevedo colaboraram na elaboração de uma bibliografia que abrangesse os diversos temas abordados neste livro – museu, restauro, preservação, memória, cultura e futebol –, permitindo ao leitor ricas possibilidades de estudo e pesquisa. E o apoio da própria instituição à iniciativa editorial se expressou no texto de apresentação assinado por Caio Luiz de Carvalho, presidente do Instituto da Arte do Futebol Brasileiro, Organização Social de Cultura gestora do Museu do Futebol.

A pesquisa e definição das imagens foi um processo que correu integrado à produção do texto. Para enriquecer a introdução de Silvia Wolff, tivemos acesso ao amplo levantamento realizado para a Sala Pacaembu, espaço expositivo do Museu do Futebol em homenagem ao estádio e à sua história. Esse levantamento, que vasculhou acervos como os da Casa da Imagem, da Cia. City, da FAU USP, do Instituto Moreira Salles e do Arquivo Histórico de São Paulo, localizou trabalhos de Benedito Junqueira Duarte, Hildegard Rosenthal e Thomaz Farkas, entre outros. Sem esta arqueologia, feita pela Cia. da Memória e por Fernanda Terra, teria sido consideravelmente mais difícil chegar às imagens históricas escolhidas.

Coube ao historiador José Octávio Martins Cortez voltar aos acervos para levantar as imagens selecionadas e realizar pesquisa complementar, que enriqueceu ainda mais a iconografia final. Neste processo, algumas pessoas nos atenderam com especial atenção – na biblioteca da FAU USP, Ricardo Marques de Azevedo, presidente do Conselho da Biblioteca, Dina Uliana e Valéria Valente, bibliotecárias; na Prefeitura de São Paulo, Mirthes Baffi, arquiteta do DPH, Liliane Schrank Lehmann, Guido Alvarenga, Maria Bonafé, Cíntia Stela Negrão Berlini, Ricardo Mendes e Marlene da Silva Rebecchi, do Arquivo Histórico de São Paulo, e João de Pontes Junior, bibliotecário da Casa da Imagem; no Instituto Moreira Salles, Joanna Balabram, da reserva técnica fotográfica, Cídio Martins Neto, do acervo fotográfico, e Vera Lúcia Ferreira da Silva, da parte administrativa; na Cia. City, Vera Pasqualin, responsável pelo acervo de imagens. Por fim, Victor Hugo Mori e Marcos Carrilho, arquitetos do Iphan, nos indicaram imagem inédita da Cia. City.

A obtenção da documentação fotográfica da obra foi outra contribuição importante. Organizado pelo arquiteto Daniel Pollara, este vasto material conta exatas 2204 fotos. Entre elas, o registro de um dos momentos mais cruciais da empreitada, a instalação da passarela de madeira do pórtico monumental. O fotógrafo Tuca Vieira clicou duas fases da obra, nas quais produziu fotos da estrutura nua e crua, e Nelson Kon responde pelas imagens do museu pronto, também feitas em duas etapas e sob medida para esta publicação. Na reta final da edição, Kon realizou mais duas sessões de fotografias, registrando o uso do Estádio do Pacaembu em dias de jogos de futebol, atividade central da edificação e a própria alma do museu.

Já o levantamento dos desenhos técnicos ficou a cargo das arquitetas Paula Bartorelli, em um primeiro momento, e Cristiana Rodrigues, em uma etapa subsequente. E, na reta final, Fernando Serapião, editor da revista Monolito, nos forneceu um desenho faltante. A padronização dos desenhos vetoriais, segundo os critérios editoriais da Romano Guerra, foi realizada pela arquiteta Ivana Barossi Garcia, cabendo à revisora Regina Stocklen o mesmo em relação ao texto. O projeto gráfico carrega a assinatura do designer Dárkon Vieira Roque, que contou com a colaboração de Clara Laurentiis no processo de diagramação e na finalização dos desenhos vetoriais.

O livro viabilizou-se financeiramente graças ao aporte de recursos de patrocinadores por intermédio da lei de renúncia fiscal federal, a Lei Rouanet. Também aqui são diversas as pessoas que apostaram nesta publicação, a começar por Marcela Bronstein, que, no final do processo de captação, obteve o apoio da Concremat, cujos interlocutores foram João Alfredo Viegas, Carla Luque e Shanna Honório. Anteriormente, os autores e editores reuniram-se diversas vezes com a equipe de marketing cultural do banco Santander – liderada por Piatã Stoklos Kignel, e composta por Fernanda Gaudêncio, Alessandra Bonatto Fontes, Camila Corbett e Rodrigo Pereira Campelo –, que se entusiasmou com nosso projeto editorial. Receptividade igualmente calorosa obtivemos na Imprensa Oficial do Estado de S. Paulo nas pessoas de Carlos Roberto de Abreu Sodré, gerente de produtos editoriais e institucionais, Cecília Scharlach, coordenadora editorial, e Edilene Natário Monteiro, administradora de produtos.

Durante todo o processo, contamos com a receptividade e prontidão de Clara Azevedo, diretora do museu, e sua equipe, que sempre mantiveram abertas todas as portas do espaço, inclusive aquelas que são vedadas ao público.

Marianne Wenzel e **Mauro Munhoz**

Esta bibliografia é constituída não só por livros citados direta ou indiretamente, mas também por indicações de leitura que apontam para a abrangência da discussão resultante do cruzamento entre os temas presentes neste livro sobre um museu do futebol: restauro, preservação, memória, cultura e futebol.

Sobre o Museu do Futebol

AZEVEDO, Clara; ALFONSI, Daniela. A patrimonialização do futebol: notas sobre o Museu do Futebol. *Revista de História*, São Paulo, n. 163 (dossiê história e futebol), jul./dez. 2010, p. 275-292.

CORBIOLI, Nanci. Intervenção dá maior fôlego a estádio e entorno. *Projeto Design*, São Paulo, n. 336, fev. 2008, p. 80-83.

GUERRA, Abilio. Emoção e magia do futebol. *Arquiteturismo*, São Paulo, n. 02.021.07, Vitruvius, nov. 2008 <www.vitruvius.com.br/revistas/read/arquiteturismo/02.021/1479>.

GUERRA, Abilio. Museu do Futebol: uma pedagogia do olhar. *Projetos*, São Paulo, n. 11.122.03, Vitruvius, fev. 2011 <www.vitruvius.com.br/revistas/read/projetos/11.122/3784>.

GUERRA, Abilio. Sensibilidade onírica. Museu do Futebol (2005/08) – Mauro Munhoz. *Projeto Design*, São Paulo, n. 371, 2011, p. 70-71.

MUNHOZ, Mauro; WENZEL, Marianne. La dimensión cultural en la arquitectura. In OLEAS SERRANO, Diego; GUERRA, Abilio. *Brasil – Documentos del Colegio de Arquitectura de la USFQ*. Catálogo X Foro Internacional de Arquitectura. Quito, Universidad San Francisco, 2009, p. 37-48.

SERAPIÃO, Fernando. A história do futebol, no campo e sob as arquibancadas. *Projeto Design*, São Paulo, n. 346, dez. 2008, p. 38-47.

WOLFENSON, Helena. Arquitetura do futebol. Projeto do Museu do Futebol recebe prêmio do Instituto de Arquitetura Brasileiro. *Brasileiros*, São Paulo, 09 jan. 2009 <www.revistabrasileiros.com.br/secoes/o-lado-b-da-noticia/noticias/325>.

XAVIER FILHO, Sérgio. O Museu do Futebol é inaugurado no Estádio do Pacaembu. *Veja*, São Paulo, n. 2081, 08 out. 2008. Disponível in <http://vejasp.abril.com.br/revista/edicao-2081/o-museu-do-futebol-inaugurado-no-estadio-do-pacaembu>.

Sobre a história do bairro e do estádio

AB'SABER, Aziz. O sítio urbano de São Paulo. In AZEVEDO, Aroldo de (org.). *A cidade de São Paulo, estudos de geografia urbana*. Volume 1. São Paulo, Cia. Editora Nacional, 1958.

BACELLI, Ronei. *A presença da Cia. City em São Paulo e a implantação do primeiro bairro-jardim*. Dissertação de mestrado. São Paulo, FFLCH USP, 1982.

BATTAGLIA, Vital. *Pacaembu, emoções. Projeto Suvinil cor, arquitetura e memória*. São Paulo, nov. 1988.

BOUVARD, Joseph. O relatório do Sr. Bouvard (15 maio 1911). In TOLEDO, Benedito Lima de. *São Paulo, três cidades em um século*. 3. ed. revista e ampliada. São Paulo, Cosac Naify/Duas Cidades, 2004, p. 126-127.

BRUNO, Ernani Silva. *História e tradições da cidade de São Paulo*. Volume 2. São Paulo, Hucitec, 1991.

CAMPANINI, Raimondo; MARCO, Benito del. *Architettura e técnica degli impianti sportivi*. Milão, Vallardi, 1950.

CAMPOS FILHO, Cândido Malta. *Considerações sobre o zoneamento do Pacaembu* (parecer). Processo Condephaat 23972/1985, 09 out. 1990, fls. 357-363.

ELIAS, Eduardo de Oliveira. *Pacaembu*. São Paulo, PMSP/DPH. Divisão de Preservação. Seção Técnica de Crítica e Tombamento, 1984.

ESCRITÓRIO TÉCNICO RAMOS DE AZEVEDO / SEVERO VILLARES. Histórico do Estádio Municipal. São Paulo, mímeo, c. 1938.

FAUSTO, Boris. *Negócios e ócios*. São Paulo, Companhia das Letras, 1997.

HOWARD, Ebenezer. *Cidades-jardins de amanhã*. São Paulo, Hucitec, 1996.

LANGENBUCH, Juergen Richard. *Estruturação de São Paulo e estudos de engenharia urbana*. Rio de Janeiro, Instituto Brasileiro de Geografia e Estatística, Departamento de Documentação e Divulgação Geográfica e Cartográfica, 1971.

LEME, Maria Cristina. *Urbanismo no Brasil, 1895-1965*. São Paulo, Studio Nobel/FAU USP/Fupam, 1999.

LÉVI-STRAUSS, Claude. Cidade selvagem, como o são todas as cidades americanas. In BRUNO, Ernani Silva. *Memória da cidade de São Paulo. Depoimento de moradores e visitantes – 1553-1958*. São Paulo, PMSP, 1981, p. 190-192.

LIMA, Magali Alonso. *Formas arquiteturais no Estado Novo – suas implicações na plástica de corpos e espíritos*. Rio de Janeiro, Funarte, 1979.

LIMA, Michael Robert Alves de; VALADARES, Paulo; FERNANDES Jr., Rubens. *B. J. Duarte, caçador de imagens*. São Paulo, Cosac Naify, 2007.

MAIA, Francisco de Prestes. *Os melhoramentos de São Paulo*. São Paulo, Prefeitura Municipal, 1945.

MAIA, Francisco de Prestes. *Os melhoramentos de São Paulo*. 2. ed. São Paulo, Imprensa Oficial do Estado de São Paulo, 2010.

MENDES, Renato da Silveira. Os bairros da Zona Sul e os bairros ocidentais. In AZEVEDO, Aroldo de. *A cidade de São Paulo. Aspectos da metrópole paulista*. Volume 3. São Paulo, Companhia Editora Nacional, 1958.

PETRONE, Pasquale. A cidade de São Paulo no século XX. In AZEVEDO, Aroldo de (org.). *A cidade de São Paulo, estudos de geografia urbana*. Volume 2. São Paulo, Cia. Editora Nacional, 1958.

PMSP. Memorial descritivo e especificação das obras de construção do Estádio Municipal do Pacaembu. São Paulo, PMSP, c. 1936.

PMSP. *Pacaembu 40 anos*. São Paulo, Secretaria Municipal de Esportes/ PMSP, 1980.

PMSP. *Pacaembu – São Paulo recebe de volta seu estádio*. São Paulo, Secretaria Municipal de Esportes/ PMSP, 1984.

PONCIANO, Levino. *Bairros paulistanos de A a Z*. São Paulo, Senac, 2001.

PRADO JUNIOR, Caio. Contribuição para a geografia urbana da cidade de São Paulo. In PRADO JUNIOR, Caio. *Evolução política do Brasil e outros estudos*. São Paulo, Brasiliense, 1972.

RADO, George. *São Paulo, the Fastest Growing City in the World*. Fotos Peter Scheier. São Paulo, Kosmos, 1954.

REIS FILHO, Nestor Goulart. Um palco da modernidade. *Jornal da Tarde*, São Paulo, Caderno de Sábado, 19 maio 1990.

SOUZA, Maria Claudia Pereira de. *O capital imobiliário e a produção do espaço urbano, O caso da Cia. City*. Dissertação de mestrado. São Paulo, FGV-EASP, 1998.

WOLFF, Silvia Ferreira Santos. *Jardim América, o primeiro bairro-jardim de São Paulo*. São Paulo, Edusp, 2000.

WOLFF, Silvia Ferreira Santos. *Jardim América*. Coleção História de Bairros. São Paulo, PMSP/SMC/ DPH, 1982.

WOLFF, Silvia Ferreira Santos. *Jardins*. In CAMARGO, Ana Maria de Almeida. *São Paulo, Metrópole em mosaico*. São Paulo, CIEE, 2010.

Sobre restauro, preservação e memória

ALMEIDA, Eneida de; BOGÉA, Marta. Esquecer para preservar. *Arquitextos*, São Paulo, n. 08.091.02, Vitruvius, dez. 2007 <www.vitruvius.com.br/revistas/read/arquitextos/08.091/181>.

ARANTES, Antonio Augusto (org.). *Produzindo o passado: estratégias de construção do patrimônio cultural*. São Paulo, Brasiliense, 1984.

ARANTES, Otília. *O lugar da arquitetura depois dos modernos*. 2. ed. São Paulo, Edusp, 1995.

ARAÚJO, Denise Puertas de. O pensamento de Camillo Boito. *Resenhas Online*, São Paulo, n. 04.043.01, Vitruvius, jul. 2005 <www.vitruvius.com.br/revistas/read/resenhasonline/04.043/3154>.

BOITO, Camillo. *Os restauradores*. Apresentação Beatriz Mugayar Kühl. Tradução Paulo Mugayar Kühl. Coleção Artes & Ofícios. São Paulo, Ateliê, 2008.

BRANDI, Cesare. *Teoria da restauração*. Apresentação Giovanni Carbonara. Tradução Beatriz Mugayar Kühl. Coleção Artes & Ofícios. São Paulo, Ateliê, 2008.

CASTRO, Sonia Rabelo. *O Estado na preservação dos bens culturais: o tombamento*. Rio de Janeiro, Renovar, 1991.

CHOAY, Françoise. *A alegoria do patrimônio*. Tradução Luciano Vieira Machado. São Paulo, Unesp, 2001.

COSTA, Lúcio. Documentação necessária (1938). In *Registro de uma vivência*. São Paulo, Empresa das Artes, 1995, p. 457-462.

CUNHA, Claudia dos Reis e. A atualidade do pensamento de Cesare Brandi. *Resenhas Online*, São Paulo, n. 03.032.03, Vitruvius, ago. 2004 <www.vitruvius.com.br/revistas/read/resenhasonline/03.032/3181>.

CUNHA, Claudia dos Reis e. Restauração: método e projeto. *Resenhas Online*, São Paulo, n. 06.069.03, Vitruvius, set. 2007 <www.vitruvius.com.br/revistas/read/resenhasonline/06.069/3104>.

DUARTE, Paulo. *Mário de Andrade por ele mesmo*. São Paulo, Hucitec, 1977.

DVORÁK, Max. *Catecismo da preservação de monumentos*. Apresentações Valéria Alves Esteves Lima, Jens Baumgarten e Beatriz Mugayar Kühl. Tradução Valéria Alves Esteves Lima. Coleção Artes & Ofícios. São Paulo, Ateliê, 2008.

JACOBS, Jane. *Morte e vida de grandes cidades*. São Paulo, Martins Fontes, 2003.

KÜHL, Beatriz Mugayar. *Preservação do patrimônio arquitetônico da industrialização: problemas teóricos de restauro*. São Paulo, Ateliê, 2009.

OLIVEIRA, Rogério Pinto Dias de. O equilíbrio em Camillo Boito. *Resenhas Online*, São Paulo, n. 08.086.01, Vitruvius, fev. 2009 <www.vitruvius.com.br/revistas/read/resenhasonline/08.086/3049>.

OLIVEIRA, Rogério Pinto Dias de. O idealismo de Viollet-le-Duc. *Resenhas Online*, São Paulo, n. 08.087, Vitruvius, mar. 2009 <www.vitruvius.com.br/revistas/read/resenhasonline/08.087/3045>.

OLIVEIRA, Rogério Pinto Dias de. O pensamento de John Ruskin. *Resenhas Online*, São Paulo, n. 07.074.03, Vitruvius, fev. 2008 <www.vitruvius.com.br/revistas/read/resenhasonline/07.074/3087>.

RODRIGUES, Marly. *Imagens do passado: A instituição do patrimônio em São Paulo, 1969-1987*. São Paulo, Unesp/Imprensa Oficial/Fapesp/Condephaat, 2000.

RUSKIN, John. *A lâmpada da memória*. Apresentação e tradução Maria Lucia Bressan Pinheiro. Coleção Artes & Ofícios. São Paulo, Ateliê, 2008.

SANTOS, Ana Carolina Melaré dos. Viollet-le-Duc e o conceito moderno de restauração. *Resenhas Online*, São Paulo, n. 04.044.01, Vitruvius, ago. 2005 <www.vitruvius.com.br/revistas/read/resenhasonline/04.044/3153>.

STIFTUNG FRIEDER BURDA (org.). *Museum Frieder Burda – Architekt Richard Meier*. Textos de Gerhard Everke, Klaus Gallwitz, Richard Meier e Wolfgang Pehnt. Ostfildern, Hatje Cantz Verlag, 2011.

TOLEDO, Benedito Lima de. *São Paulo, três cidades em um século*. 3. ed. revista e ampliada. São Paulo, Cosac Naify/Duas Cidades, 2004.

VIOLLET-LE-DUC, Eugène Emmanuel. *Restauração*. Tradução Beatriz Mugayar Kühl. Coleção Artes & Ofícios. São Paulo, Ateliê, 2007.

ZEIN, Ruth Verde; MARCO, Anita Di. *Sala São Paulo de concertos. Revitalização da estação Júlio Prestes: o projeto arquitetônico*. São Paulo, Alter Market, 2001.

ZUMTHOR, Peter. *Pensar a arquitectura*. Barcelona, Gustavo Gili, 2005.

Sobre cultura e futebol

AGOSTINO, Gilberto. *Vencer ou morrer: futebol, geopolítica e identidade nacional*. Rio de Janeiro, Mauad/Faperj, 2002.

ALABARCES, Pablo (org.). *Futbologías: fútbol, identidad y violencia en América Latina*. Buenos Aires, Clacso, 2003.

ANDRADE, Carlos Drummond de. *Quando é dia de futebol*. Rio de Janeiro, Record, 2002.

ANTUNES, Fatima Martin Rodrigues Ferreira. *Com brasileiro, não há quem possa!: futebol e identidade nacional em José Lins do Rego, Mário Filho e Nelson Rodrigues*. São Paulo, Editora da Unesp, 2004.

ANTUNES, Fatima Martin Rodrigues Ferreira. *Futebol de fábrica em São Paulo*. Dissertação de Mestrado. São Paulo, FFLCH USP, 1992.

ARAÚJO, José Renato de Campos. *Imigração e futebol: o caso Palestra Itália*. São Paulo, Sumaré/Fapesp, 2000.

ARAUJO, Marcelo Mattos; BRUNO, Maria Cristina Oliveira (org.). *A memória do pensamento museológico contemporâneo*: documentos e depoimentos. São Paulo, Comitê Brasileiro do ICOM, 1995.

BELLOS, Alex. *Futebol: o Brasil em campo*. Rio de Janeiro, Jorge Zahar, 2003.

CALDAS, Waldenyr. *O pontapé inicial: memória do futebol brasileiro (1894-1933)*. São Paulo, Ibrasa, 1990.

CANELA, Andoni; CHISLEANSCHI, Rodolfo. *Planeta fútbol*. Barcelona, Blume, 2003.

CASTRO, Ruy. *Estrela solitária: um brasileiro chamado Garrincha.* São Paulo, Companhia das Letras, 1995.

COELHO, Eduardo. *Donos da bola.* Rio de Janeiro, Língua Geral, 2006.

COSTA, Márcia Regina da; FLORENZANO, José Paulo; QUINTILHO, Elizabeth; D'ALLEVEDO, Silvia Carbone; SANTOS, Marco Antônio S. (org.). *Futebol: espetáculo do século.* São Paulo, Musa, 1999.

COZAC, João Ricardo (org.). *Com a cabeça na ponta da chuteira: ensaios sobre a psicologia do esporte.* São Paulo, Annablume, 2003.

DAMATTA, Roberto (org.). *Universo do futebol: esporte e sociedade brasileira.* Rio de Janeiro, Pinakotheke, 1982.

DAMATTA, Roberto. *A bola corre mais do que os homens.* Rio de Janeiro, Rocco, 2006.

DAMO, Arlei Sander. *Do dom à profissão: a formação de futebolistas no Brasil e na França.* São Paulo, Aderaldo & Rothschild/ Anpocs, 2007.

DAOLIO, Jocimar (org.). *Futebol, cultura e sociedade.* Campinas, Autores Associados, 2005.

DAOLIO, Jocimar. *Cultura, educação física e futebol.* 3ª edição. Campinas, Editora da Unicamp, 2006.

FASSHEBER, José Ronaldo Mendonça. *Etno-desporto indígena: a antropologia social e o campo entre os Kaingang.* Brasília, Ministério do Esporte, 2010.

FAUSTO, Boris. De alma lavada e coração pulsante. *Revista de História*, São Paulo, n. 163 (dossiê história e futebol), jul./dez. 2010, p. 139-148.

FAUSTO, Boris. *Negócios e ossos.* São Paulo, Companhia das Letras, 1997.

FERREIRA, João Fernando. *A construção do Pacaembu.* São Paulo, Paz e Terra, 2008.

FILHO, Mario. *O negro no futebol brasileiro.* 4ª edição. Rio de Janeiro, Mauad, 2003.

FLORENZANO, José Paulo. *A democracia corinthiana: práticas de liberdade no futebol brasileiro.* São Paulo, Educ/Fapesp, 2009.

FLORENZANO, José Paulo. *Afonsinho e Edmundo: a rebeldia no futebol brasileiro.* São Paulo, Musa, 1998.

FOER, Franklin. *Como o futebol explica o mundo: um olhar inesperado sobre a globalização.* Rio de Janeiro, Jorge Zahar, 2005.

FRANCO JR., Hilário. *A dança dos deuses: futebol, sociedade, cultura.* São Paulo, Companhia das Letras, 2007.

FRANZINI, Fabio. *Corações na ponta da chuteira: capítulos iniciais da história do futebol brasileiro (1919-1938).* Rio de Janeiro, DP&A, 2003.

FREIRE, João Batista. *Pedagogia do futebol.* 2ª edição. Campinas, Autores Associados, 2006.

GALEANO, Eduardo. *Futebol ao sol e à sombra.* Porto Alegre, LP&M, 1995.

GASTALDO, Édison. *Pátria, chuteiras e propaganda: o brasileiro na publicidade da Copa do Mundo.* São Leopoldo, Annablume/Unisinos, 2002.

GASTALDO, Édison; GUEDES, Simoni Lahud (org.). *Nações em campo: Copa do Mundo e identidade nacional.* Niterói, Intertexto, 2006.

GIGLIO Sérgio Settani; SPAGGIARI, Enrico. A produção das ciências humanas. Sobre futebol no Brasil: um panorama (1990-2009). *Revista de História*, São Paulo, n. 163 (dossiê história e futebol), jul./dez. 2010, p. 293-350.

GIULIANOTTI, Richard. *Sociologia do futebol: dimensões históricas e socioculturais do esporte.* São Paulo, Nova Alexandria, 2002.

GUEDES, Simoni Lahud. Esporte, lazer e sociabilidade. In MARTINS, Carlos Benedito; DIAS DUARTE, Carlos Benedito (org.). *Horizontes das ciências sociais no Brasil: antropologia.* São Paulo, Anpocs/ Instituto Ciência Hoje/Bacarolla/ Discurso Editorial, 2010, p. 431-456.

GUEDES, Simoni Lahud. *O futebol brasileiro: instituição zero.* Dissertação de mestrado, Rio de Janeiro, UFRJ, 1977.

GUEDES, Simoni Lahud. *O Brasil no campo de futebol: estudos antropológicos sobre os significados do futebol brasileiro.* Niterói, Eduff, 1998.

HELAL, Ronaldo; SOARES, Antonio Jorge; LOVISOLO, Hugo. *A invenção do país do futebol: mídia, raça e idolatria.* Rio de Janeiro, Mauad, 2001.

HOLLANDA, Bernardo Borges Buarque de. *O clube como vontade e representação: o jornalismo esportivo e a formação das torcidas organizadas de futebol no Rio de Janeiro.* Rio de Janeiro, 7Letras, 2009.

HOLLANDA, Bernardo Borges Buarque de. *O descobrimento do futebol: modernismo, regionalismo e paixão esportiva em José Lins do Rego.* Rio de Janeiro, Edições Biblioteca Nacional, 2004.

JÚNIOR, Hilário Franco. *A dança dos deuses: futebol, sociedade e cultura.* São Paulo, Companhia das Letras, 2007.

KAZ, Leonel; ALBIN, Ricardo Cravo; MÁXIMO, João; SOUZA, Tárik de; HORTA, Luiz Paulo. *Brasil, rito e ritmo.* Rio de Janeiro, Aprazível, 2004.

MAGALHÃES, Lívia Gonçalves. *Histórias do futebol.* São Paulo, Arquivo Público do Estado, 2010.

MAGNANI, José Guilherme; MORGADO, Naira. Tombamento do Parque do Povo: futebol de várzea também é patrimônio. In IPHAN, Ministério da Cultura. *Revista do Patrimônio Histórico e Artístico Nacional*, n. 24, 1996, p. 175-184.

MARQUES, José Carlos. *O futebol em Nelson Rodrigues: o óbvio ululante, o Sobrenatural de Almeida e outros temas.* São Paulo, Educ/Fapesp, 2000.

MÁXIMO, João; KAZ, Leonel. *Brasil arte e magia: um século de futebol.* Rio de Janeiro, Aprazível, 2006.

MEDINA, Francisco Xavier; SÁNCHEZ, Ricardo (org.). *Culturas en juego: ensayos de antropología del deporte en España.* Barcelona, Icaria, 2003.

MEIHY, José Carlos Sebe Bom; WITTER, José Sebastião (org.). *Futebol e cultura: coletânea de estudos.* São Paulo, Imprensa Oficial/Arquivo do Estado, 1982.

MELO, Victor Andrade de; ALVITO, Marcos (org.). *Futebol por todo o mundo: diálogos com o cinema.* Rio de Janeiro, Editora FGV, 2006.

MORAES NETO, Geneton. *Dossiê 50: os onze jogadores revelam os segredos da maior tragédia do futebol brasileiro.* Rio de Janeiro, Objetiva, 2000.

MORAES, Mario de. *Futebol é arte: depoimentos de Domingos da Guia, Zizinho e Pelé.* Rio de Janeiro, MIS, 2002.

MORRIS, Desmond. *A tribo do futebol.* Mem Martins, Europa-América, 1985.

MOURA, Gisela de Araújo. *O Rio corre para o Maracanã.* Rio de Janeiro, Fundação Getúlio Vargas, 1998.

MURAD, Maurício. *Dos pés à cabeça: elementos básicos de sociologia do futebol.* Rio de Janeiro, Irradiação Cultural, 1996.

MURAD, Maurício. *A violência e o futebol: dos estudos clássicos aos dias de hoje.* Rio de Janeiro, Editora FGV, 2007.

MURRAY, Bill. *Uma história do futebol.* São Paulo, Hedra, 2000.

NEVES, José; GOMES, Nuno (orgs.). *A época do futebol: o jogo visto pelas ciências sociais.* Lisboa, Assírio & Alvim, 2004.

NOGUEIRA, Armando. *A estética do futebol.* São Paulo, Banco Real, 1997.

NOGUEIRA, Armando. *A ginga e o jogo.* São Paulo, Objetiva, 2003.

OLIVEIRA, José; GARGANTA, Júlio; MURAD, Maurício. *Futebol de muitas cores e sabores: reflexões em torno do desporto mais popular do mundo.* Porto, Campo das Letras, 2004.

ORICCHIO, Luiz Zanin. *Fome de bola: cinema e futebol no Brasil.* São Paulo, Imprensa Oficial, 2006.

PEREIRA, Leonardo Affonso de Miranda. *Footballmania: uma história social do futebol no Rio de Janeiro – 1902-1938.* Rio de Janeiro, Nova Fronteira, 2000.

PRONI, Marcelo Weishaupt. *A metamorfose do futebol.* Campinas, Unicamp, 2000.

REIS, Heloisa Helena Baldy dos. *Futebol e violência.* Campinas, Autores Associados, 2006.

RODRIGUES, Nelson. *A pátria em chuteiras: novas crônicas de futebol.* São Paulo, Companhia das Letras, 1994.

RODRIGUES, Nelson. *Às sombras das chuteiras imortais: crônicas de futebol.* São Paulo, Companhia das Letras, 1993.

SALVADOR, Marco Antonio Santoro; SOARES, Antonio Jorge Gonçalves. *A memória da Copa de 70: esquecimentos e lembranças do futebol na construção da identidade nacional.* Campinas, Autores Associados, 2009.

SANTOS NETO, José Moraes dos. *Visão do jogo: primórdios do futebol no Brasil.* São Paulo, Cosac Naify, 2002.

SCAGLIA, Alcides José. *O futebol e as brincadeiras de bola: a família dos jogos de bola com os pés.* São Paulo, Phorte, 2011.

SEBRELI, Juan José. *La era del fútbol.* Buenos Aires, Debolsillo, 2005.

SEVCENKO, Nicolau. *Orfeu extático na metrópole: São Paulo, sociedade e cultura nos frementes anos 20.* São Paulo, Companhia das Letras, 1992.

SILVA, Francisco Carlos Teixeira da; SANTOS, Ricardo Pinto dos. *Memória social dos esportes: futebol e política: a construção de uma identidade nacional.* Rio de Janeiro, Mauad/Faperj, 2006.

SILVA, Marcelino Rodrigues da. *Mil e uma noites de futebol: o Brasil moderno de Mário Filho.* Belo Horizonte, UFMG, 2006.

SILVA, Silvio Ricardo da (org.). *Levantamento da produção sobre o futebol nas ciências humanas e sociais de 1980 a 2007.* Belo Horizonte, Escola de Educação Física, Fisioterapia e Terapia Ocupacional UFMG, 2009.

SOUTO, Sergio Monteiro. *Os três tempos do jogo: anonimato, fama e ostracismo no futebol brasileiro.* Rio de Janeiro, Graphia, 2000.

SOUZA, Denaldo Alchorne de. *O Brasil entra em campo: construções e reconstruções da identidade nacional (1930-1947).* São Paulo, Annablume, 2008.

SOUZA, Jair de; RITO, Lucia; LEITÃO, Sérgio Sá. *Futebol-arte: a cultura e o jeito brasileiro de jogar.* São Paulo, Senac, 1998.

STYCER, Mauricio. *História do Lance!: projeto e prática do jornalismo esportivo.* São Paulo, Alameda, 2009.

SUSSEKIND, Hélio Carlos. *Futebol em dois tempos.* Rio de Janeiro, Relume Dumará/Prefeitura, 1996.

TOLEDO, Luiz Henrique de. *Lógicas do futebol.* São Paulo, Hucitec/Fapesp, 2002.

TOLEDO, Luiz Henrique de. *No país do futebol.* Rio de Janeiro, Jorge Zahar, 2000.

TOLEDO, Luiz Henrique de. *Torcidas organizadas de futebol.* Campinas, Autores Associados/Anpocs, 1996.

TOLEDO, Luiz Henrique de; COSTA, Carlos Eduardo (orgs.). *Visão de jogo: antropologia das práticas esportivas.* São Paulo, Terceiro Nome, 2009.

VASCONCELLOS, Jorge. *Recados da bola: depoimentos de doze mestres do futebol brasileiro.* São Paulo, Cosac Naify, 2010.

VIANNA, Fernando de Luiz Brito. *Boleiros do cerrado: índios xavantes e o futebol.* São Paulo, Annablume/Fapesp, 2008.

VILELA, Caio. *Futebol sem fronteiras: retratos da bola ao redor do mundo.* São Paulo, Panda Books, 2009.

WISNIK, José Miguel. *Veneno remédio: o futebol e o Brasil.* São Paulo, Companhia das Letras, 2008.

Documentos sobre o estádio e o bairro do Pacaembu

CIA. CITY. Contrato-tipo de Compromisso de Venda dos Lotes, City of São Paulo Improvements and Freehold Land Company Limited.

CIA. CITY. Livro de plantas dos bairros da Companhia City. Plantas e estudos diversos. GV 051. Acervo Cia. City.

CIA. CITY. Memorial do bairro Pacaembu, registrado em cartório no dia 30/3/1938; da City of São Paulo Improvements and Freehold Land Company Limited.

CIA. CITY. Resumo estatístico de obras e serviços públicos feitos pela Companhia City. 06 de abril de 1937. s/ pasta. Acervo Cia. City.

CONDEPHAAT. Processo 23.972/1985 (relativo ao tombamento do bairro do Pacaembu).

CONDEPHAAT. Processo 26.288/88 (relativo ao tombamento do Estádio do Pacaembu).

CONDEPHAAT. Processo 26288/1988, fls. 396-429 (fotos de construção do estádio). Acervo FAU USP.

CONDEPHAAT. Processo 31.794/96 (relativo às obras de recuperação da praça Charles Miller).

CONDEPHAAT. Processo 51.880/2005 (aprovação de obras para instalação do Museu do Futebol).

Ficha técnica

Museu do Futebol

Criação e desenvolvimento
Iniciativa
Prefeitura da Cidade de São Paulo (Secretaria Municipal de Esportes e São Paulo Turismo)
Governo do Estado de São Paulo
Concepção e realização
Fundação Roberto Marinho
Direção geral
Hugo Barreto
Coordenação geral do projeto
Lucia Basto e Jarbas Mantovanini
Arquitetura
Mauro Munhoz
Curadoria
Leonel Kaz
Museografia
Daniela Thomas e Felipe Tassara
Direção de arte e comunicação visual
Jair de Souza
Fundação Roberto Marinho
Superintendente executivo
Nelson Savioli
Coordenação do projeto
Claudia Coutinho e Larissa Torres Graça
Relação com parceiros e assessoria de imprensa
Ricardo Piquet e Hugo Sukman
Administrativo e suporte jurídico
Carlos Carletto, Cláudio Lins de Vasconcelos, Gustavo Bastos e Luís Henrique Cordeiro
Consultores
João Máximo,
Celso Unzelte
e Marcelo Duarte

Arquitetura

Museu do Futebol, São Paulo
SP – Brasil
Datas
2005 (início do projeto) / 2007 (início da obra) / 2008 (término da obra)
Área construída
6 900 m^2
Projeto arquitetônico
Mauro Munhoz (autor); Daniel Pollara e Paula Bartorelli (coautores); Laércio Monteiro, Guilherme Zoldan, Paula Thyse, Vivian Santinon, Mariane Bona, Renata Swinerd, Lais Delbianco, Luiz Henrique Ferreira, Eloise Amado, Suzana Barboza, Sarah Mota Prado, Carolina Maihara, Pedro Simonsen e Luis Felipe Bernardini (equipe)
Gerenciamento da obra
Engineering
Construção
Concrejato
Estrutura
Julio Timerman / Cel Engenharia
Fundações
Eliana Joppert / Infra Estrutura Engenharia
Climatização
Eduardo Kaiano / Thermoplan Engenharia Térmica
Acústica
Passeri & Associados
Automação e cabeamento
Jugend Engenharia
Instalações
Nestor Caiuby (hidráulica, incêndio)
Norberto Glawez (elétrica)
Luminotécnica
LD Studio
Esquadrias
DQ Projetos em Esquadrias
Passarelas de madeira
Hélio Olga / ITA Construtora
Áudio e vídeo
Loudness Projetos Especiais
KJPL Peter Lindquist
Acessibilidade
Bosco & Associados
Consultoria de restauro
Wallace Caldas
Comunicação visual
Vinte Zero Um Comunicação

**Museu do Futebol.
Arquitetura e requalificação no Estádio do Pacaembu**

Marianne Wenzel
e Mauro Munhoz
Prefácio
José Miguel Wisnik
Apresentação
Silvia Ferreira dos Santos Wolff
Coordenação editorial
Abilio Guerra e Silvana Romano Santos
Ensaio fotográfico
Nelson Kon
Desenhos CAD
Escritório Mauro Munhoz
Ivana Barossi Garcia
e Clara Laurentiis
Tratamento de imagens
Jorge Bastos
Pesquisa
José Octávio Martins Cortez
Preparação de texto
Abilio Guerra
Revisão de texto
Regina Stocklen
Projeto gráfico
Dárkon Vieira Roque
e Clara Laurentiis
Gráfica
Pancrom
Assessoria cultural
VB Oficina de Projetos Ltda
Mariah Villas Boas e
Gabriela Pileggi
Marketing cultural
Marcela Bronstein
Marketing + Produções
Patrocínio cultural
Santander, Imprensa Oficial do Estado e Concremat

Créditos de imagens
Fotógrafos
Nelson Kon – p. 2, 10-11, 12-13, 14-15, 16-17, 18, 20-21, 42, 43, 82, 83, 94-95, 100 (acima), 101, 102-103, 104, 105, 106, 106-107, 108-109, 119, 126, 127, 128-129, 130-131, 132, 134, 135, 136 (abaixo), 137, 140 (acima), 143, 144-145, 148-149, 150 (acima), 151, 152, 154-155, 155, 161, 162, 162-163, 163, 164, 164-165, 170, 171, 174, 175, 190-191, 192, 193, 194, 198, 199, 204, 208 (abaixo), 209 (acima), 210-211, 224
Tuca Vieira – p. 141, 176-177, 186 (abaixo), 187, 196, 197, 200-201, 202, 203, 205
Acervos
Arquivo Histórico de São Paulo – p. 88-89, 90-91, 92-93, 120, 121
Biblioteca FAU USP – Acervo Severo & Villares: p. 32-33, 46-47, 48, 49, 50 (acima), 50-51, 52, 52-53, 53, 54, 61, 64 (acima), 68, 69, 73, 74, 75, 78-79, 79 (acima), 80, 80-81, 84-85, 86-87, 87, 111, 112, 112-113, 113, 114, 115, 133, 180-181, 182, 183, 184, 185, 186 (duas acima), 189
Casa da Imagem – Benedito Junqueira Duarte: p. 50 (abaixo), 76-77, 78, 79 (abaixo), 110; Edison Pacheco de Aquino: p. 66-67; Gabriel Zellaui: p. 25, 34-35, 72, 179 (abaixo), 188; Ivo Justino: p. 56-57, 58-59, 60, 65, 71; Sebastião de Assis Pereira: p. 30, 55
Cia. City – p. 39, 40-41, 42, 43, 44, 45, 46, 46-47, 47, 62-63, 64 (abaixo), 70, 178, 179 (acima)
Escritório Mauro Munhoz – p. 98-99, 100 (abaixo), 116, 117, 118, 122, 123, 124, 125, 136 (acima), 138-139, 140 (abaixo), 142, 144, 146-147, 150 (abaixo), 153, 154, 156-157, 158, 159, 160, 166, 167, 168-169, 172-173, 195, 206, 207, 208 (acima), 209 (abaixo)
Instituto Moreira Salles – Hildegard Rosenthal: p. 24, Thomaz Farkas: p. 26, 27, 28-29, 31

Romano Guerra Editora
Rua General Jardim 645
conjunto 31 – Vila Buarque
01223-011 São Paulo SP Brasil
T 11 3255.9535
rg@romanoguerra.com.br
www.romanoguerra.com.br
Printed in Brazil 2012
Foi feito o depósito legal

W489 Wenzel, Marianne.
Museu do Futebol : arquitetura e requalificação no Estádio do Pacaembu / Marianne Wenzel e Mauro Munhoz. - São Paulo : Romano Guerra Editora, 2012
224 p. 24 cm.

ISBN 978-85-88585-41-6

1. Estádios (Arquitetura ; São Paulo – SP). 2. Arquitetura Moderna (São Paulo – SP). 3. Museus (Arquitetura). I. Título. II. Mauro Munhoz.

CDD 725.8

Serviço de Biblioteca e Informação da Faculdade de Arquitetura e Urbanismo da USP

88
ZIZINHO